O INVERNO DA GUERRA

Coleção Jornalismo Literário — Coordenação de Matinas Suzuki Jr.

41 inícios falsos, Janet Malcolm
A sangue frio, Truman Capote
Anatomia de um julgamento, Janet Malcolm
A árvore de Gernika, G. L. Steer
Berlim, Joseph Roth
Chico Mendes: Crime e castigo, Zuenir Ventura
Dentro da floresta, David Remnick
Elogiemos os homens ilustres, James Rufus Agee e Walker Evans
Esqueleto na lagoa verde, Antonio Callado
Fama e anonimato, Gay Talese
A feijoada que derrubou o governo, Joel Silveira
Filme, Lillian Ross
O gosto da guerra, José Hamilton Ribeiro
Hiroshima, John Hersey
Homenagem à Catalunha, George Orwell
Honra teu pai, Gay Talese
O imperador, Ryszard Kapuściński
O inverno da guerra, Joel Silveira
O livro das vidas, org. Matinas Suzuki Jr.
O livro dos insultos de H. L. Mencken, seleção, tradução e posfácio de Ruy Castro
A milésima segunda noite da avenida Paulista, Joel Silveira
A mulher do próximo, Gay Talese
Na pior em Paris e Londres, George Orwell
Operação Massacre, Rodolfo Walsh
Paralelo 10, Eliza Griswold
Radical Chique e o Novo Jornalismo, Tom Wolfe
O reino e o poder, Gay Talese
O segredo de Joe Gould, Joseph Mitchell
Stasilândia, Anna Funder
O super-homem vai ao supermercado, Norman Mailer
Tempos instáveis, org. Fernando de Barros e Silva
A vida como performance, Kenneth Tynan
Vida de escritor, Gay Talese
A vida secreta da guerra, Peter Beaumont
O voyeur, Gay Talese
Vultos da República, org. Humberto Werneck
O xá dos xás, Ryszard Kapuściński

JOEL SILVEIRA

O inverno da guerra

Posfácio
Sérgio Augusto

JORNALISMO LITERÁRIO
COMPANHIA DAS LETRAS

Grafia atualizada segundo o Acordo Ortográfico da Língua Portuguesa de 1990, que entrou em vigor no Brasil em 2009.

Capa
Alceu Chiesorin Nunes

Créditos das imagens
Acervo Joel Silveira/ Universidade Tiradentes (p. 10, meio; p. 11, abaixo)
Agência Nacional/ Arquivo Nacional (p. 10, abaixo; p. 11, acima)

Revisão
Marise Leal
Luciane H. Gomide

Dados Internacionais de Catalogação na Publicação (CIP)
(Câmara Brasileira do Livro, SP, Brasil)

Silveira, Joel
O inverno da guerra / Joel Silveira ; posfácio Sérgio Augusto. — 1ª ed. — São Paulo : Companhia das Letras, 2025.

ISBN 978-85-359-4144-9

1. Artigos jornalísticos - Coletâneas 2. Guerra Mundial, 1939--1945 - Jornalismo militar I. Augusto, Sérgio. II. Título.

25-275376 CDD-070.442

Índice para catálogo sistemático:
1. Artigos jornalísticos : Coletâneas 070.442

Cibele Maria Dias — Bibliotecária — CRB-8/9427

EDITORA SCHWARCZ S.A.
Rua Bandeira Paulista, 702, cj. 32
04532-002 — São Paulo — SP
Telefone: (11) 3707-3500
www.companhiadasletras.com.br
www.blogdacompanhia.com.br
facebook.com/companhiadasletras
instagram.com/companhiadasletras
x.com/cialetras

Para minha filha Elizabeth e meu neto Rodrigo

Para Roberto Feith, Isa Pessôa e Valéria Motta

Sumário

O INVERNO DA GUERRA

"Joel Silveira, Rubem Braga e Egydio Squeff chamavam-se a si próprios os '3 patetas'. Mas não tinham nada de patetas. Eram homens de olho atento à guerra, seu sentido no Brasil e no mundo. Antifascistas autênticos, muito contribuíram para a redemocratização do país." Revista Manchete, 2 de maio de 1953.

A cobertura jornalística da FEB não foi "sopa": "A guerra, repito, é nojenta. E o que ela nos tira (quando não nos tira a vida) nunca mais nos devolve".

Entrevistando "Fritz", um soldado da Wehrmacht de 42 anos feito prisioneiro em Lizzano in Belvedere.

A imprensa no coração do conflito. Da esq. para a dir.: de pé, Rubem Braga, Frank Norall, Thassilo Mitke, Henry Bagley, Raul Brandão e Horácio Gusmão Coelho. Ajoelhados: Allan Fisher (autor da foto), Egydio Squeff e Fernando Stamato. Sentado: Joel Silveira.

Joel cumpriu à risca a ordem de seu patrão, Assis Chateaubriand: "Vá para a guerra mas não morra. Repórter não é para morrer, é para mandar notícias".

Não foi um passeio

De vez em quando alguém ainda me pergunta: "Seja sincero e confesse: a vida de vocês, jornalistas lá na guerra da Itália, foi uma sopa, não foi? Um passeio".

Até anos atrás a pergunta me irritava profundamente. E me feria. Mas agora pouco ligo para ela. Limito-me a pensar comigo mesmo que o diabo é testemunha de que não foi um passeio. Muito pelo contrário: sofremos bastante lá nos Apeninos. Medo, frio — muito frio —, desconforto, e aquele constante odor de sangue velho e óleo diesel, que é o cheiro da guerra. E mais o tédio dos longos dias e noites em locais inviáveis, sitiados pela neve. Onde o passeio? Onde a sopa?

E para provar que não estou mentindo, vai aí embaixo um resumo sucinto do que era o cotidiano de um correspondente de guerra no front italiano naquele implacável inverno de 1944-45. Repito: o diabo, que também estava lá (como sempre esteve em todas as guerras), é testemunha de que não foi um passeio. Não foi mesmo.

NA PRIMEIRA HORA DO DIA, O GRITO: "GUERREIROS, DE PÉ!"

Primeiro era o toque de alvorada, que o infalível corneteiro fazia soar às cinco horas, às vezes era um toque cortante e seguro, dependendo do frio que estava fazendo lá fora naquele começo do dia. Aliás, falar aqui em alvorada não é falar a verdade. Podiam ser cinco, cinco e meia em nossos relógios, mas na realidade a noite continuava fechada, total, dentro e fora do nosso quartel. No medonho inverno toscano e apenino, como foi aquele de 1944-45, o sol só aparecia mesmo, e isso quando aparecia, lá pelas dez horas. E já nascia um sol combalido, agonizante, a prevenir que demoraria pouco. Três, quatro horas da tarde, e já era noite novamente.

Primeiro, eu dizia, era o toque de alvorada. E seguindo-se a ele, ouvia-se, ainda um tanto estremunhada e naquele sotaque suave de gaúcho, que trinta anos de Rio de Janeiro não diminuíram, a voz de Egydio Squeff, correspondente de *O Globo*, com o seu invariável refrão:

— Guerreiros, de pé! À luta!

Uma pausa de segundos, depois:

— Vamos acabar logo com a porcaria dessa guerra que estou doido para voltar ao meu chopinho na Galeria Cruzeiro. — O chopinho era o do Bar da Brahma, na Galeria Cruzeiro, no andar térreo do Hotel Avenida, onde é hoje o edifício Avenida Central.

Então tinha início a exasperante rotina de todo dia, marcada do princípio ao fim por pequenos e também grandes pesadelos. A coisa começava com o doloroso ato de deixar os *sleeping-bags* (sacos de dormir), fofos envelopes acolchoados onde nos metíamos à noite, logo que terminávamos de bater à máquina a nossa correspondência do dia. Comumente dormíamos de ceroulas (isso mesmo, ceroulas) e meias de lã, mas quando o frio apertava mais, dormíamos praticamente como havíamos passado o dia, livres apenas das botas pesadas e enlameadas. Depois, outra provação:

tínhamos de espanar a neve que havia caído durante a noite sobre o referido envelope, e isso acontecia sempre nas noites mais geladas, quando a neve investia sem pena através das esburacadas janelas do velho quartel dos carabinieri em Pistoia, que nós mesmos (os Aliados) havíamos quase reduzido a escombros com os nossos canhões e as bombas de nossos aviões. Depois vinha o resto: calçar sobre a grossa meia de lã as pesadas e deselegantes *combat-boots*, enfiar uma camisa igualmente de lã por cima da ceroula, também de lã, e sobre esta o pesadíssimo suéter militar, um verde-azeitonado, que nos cobria do pescoço até a cintura e ia até o começo das mãos. E mais ainda a blusa da farda (que podia ser o rarefeito uniforme brasileiro ou a mais protetora farda norte-americana), a capa e as luvas forradas de pelo de carneiro; e, finalmente, o capacete de aço.

Mas, antes, havia outros tormentos a enfrentar. Por exemplo: muitas vezes, a água dos camburões amanhecia congelada. E então era o duro trabalho de acender, com pedaços de madeira ainda úmidos e sempre armazenados num canto do quarto, o rústico aquecedor que a nosso pedido um engenhoso *paesano* local havia improvisado bem no meio da sala, e cuja chaminé, igualmente improvisada, cuspia para fora uma espessa e negra fumaça que durava até metade da noite — ou seja, até que fosse queimada a última tora. Aquecido o engenho, colocávamos sobre o ferro quente os camburões de gelo, e ali ficávamos minutos inteiros à espera de que a água voltasse ao natural.

Rubem Braga, do *Diário Carioca*, antes mesmo de deixar o seu aconchego, já estava fumando o primeiro dos seus não sei quantos cigarros diários; Squeff fumava e recitava sonetos antigos, dele ou de Raul de Leoni; Raul Brandão, do *Correio da Manhã*, o mais velho de todos nós, já em *tenue de combat*, resmungava e andava de um lado para o outro, esfregando freneticamente as mãos enluvadas; e Thassilo Mitke, da Agência Nacional, recém-chegado, amornava as mãos e as passava sobre os lábios, que o frio logo havia transformado em duas feridas.

No quarto vizinho, os confrades norte-americanos (Henry Bagley, da Associated Press; Frank Norall, da Coordenação de Assuntos Interamericanos; Francis Hallawell, da BBC; e Allan Fisher, fotógrafo e companheiro de Norall) deviam estar fazendo a mesma coisa. E conversavam entre si num inglês que nos chegava incompreensível e aos pedaços.

Depois, quando o gelo do camburão virava água, molhávamos as mãos e fingíamos que lavávamos o rosto; e era igualmente sumário o escovar dos dentes.

Debaixo do frio, e às vezes da neve, já definitivamente travestidos de guerreiros, capacete de aço na cabeça, atravessávamos o largo pátio que separava os dormitórios do refeitório. Era farta a primeira refeição do dia, tudo comida norte-americana: esplêndidas geleias, leite e presunto, espesso chocolate, suco de laranja da Califórnia, bacon do Texas. Às vezes, acontecia de o café ser brasileiro. Rubem Braga comia pouco, quase nada; Squeff limitava-se a uma xícara de café com pão (o maravilhoso pão dos norte-americanos, um manjar); eu comia muito, quase sempre demais.

Em seguida, devidamente uniformizados e alimentados, íamos nos aboletar de qualquer maneira num jipe; ou em dois, quando os norte-americanos resolviam ir com a gente. Mas era preciso não esquecer de levar algumas coisas indispensáveis, sem as quais um correspondente de guerra não pode desempenhar sua missão numa guerra convencional (dessas que não se usam mais desde o Vietnã — com trincheiras, terra de ninguém, patrulhas de infantaria etc.). Este era o caso do *sleeping-bag*, por exemplo, pois nunca se sabia onde se ia dormir, no caso de não podermos voltar à base e ter de ficar lá no front, na montanha, a uns cem quilômetros de Pistoia — onde estava instalado o quartel-general avançado da Força Expedicionária Brasileira, a FEB.

Também era essencial não esquecer de levar a máquina de escrever (nunca se sabia onde e quando iríamos poder teclar nossos despachos) e as rações alimentares (umas caixas em forma de tijolo que guardavam, além de pequenos envelopes de sopa em pó, barras de chocolate e simétricos cubos onde os norte-americanos haviam prensado todas as vitaminas e calorias até então descobertas). E também, mais uma lanterna a pilha, velas de cera (artigos da maior prioridade) — pois lá em Porretta Terme e em todo o front — dez quilômetros adiante — a noite era polar, 24 horas de uma só noite dividida em duas porções: a noite propriamente dita, feita pelo Senhor, e a noite artificial, feita pelos homens à custa da compacta e malcheirosa neblina artificial que se desprendia do óleo diesel propositadamente queimado, e que servia para esconder dos alemães o grande buraco onde o comando da FEB fora obrigado a instalar o seu QG avançado. E lá estavam eles, os alemães, além e acima da nossa noite polar, postados em suas casamatas, estrategicamente distribuídas pelos cumes dos Apeninos, que nos cercavam e nos vigiavam.

Bem, havia uma outra coisa que era preciso não esquecer: a de nunca portar uma arma, sequer uma faca de maior tamanho. Numa guerra convencional, o correspondente de guerra (da mesma forma que o pessoal da Cruz Vermelha, os capelães e os pastores) é um soldado desarmado, pois assim — diziam-nos — determinava a Convenção de Genebra. Haviam nos dito, também, que se um correspondente de guerra é feito prisioneiro portando qualquer espécie de arma, ele é considerado um franco-atirador. E numa guerra, franco-atirador que se deixa aprisionar não precisa de julgamento para ser devidamente fuzilado.

Para alcançar Porretta Terme, cem quilômetros lá na frente e a mais de mil metros de altitude, outro pesadelo: um pesadelo chamado Rota 64. Mas antes devo dizer que quando falei há pouco em inverno cruel, implacável, quis dizer precisamente isso:

nunca havia acontecido, nos últimos cinquenta anos, segundo o testemunho da gente local, um inverno tão rigoroso naquela parte da Itália. Um inverno que havia começado antes do tempo: a primeira nevasca caiu quando novembro ainda não havia terminado. E a partir do dia 22 de dezembro a coisa engrossou pra valer. Em Pistoia, onde nós, os correspondentes, tínhamos o nosso lar efetivo, era comum um frio de quatro graus abaixo de zero. Lá em cima, no front, a coisa piorava, e como! — no auge do inverno, nunca menos de oito, seis graus negativos. E nos postos de observação mais elevados e avançados da infantaria (Soprasasso, Belvedere, Torre di Nerone etc.), a fitinha vermelha dos termômetros chegava a descer até quinze ou mais graus negativos. De forma que quando digo que aquele inverno da guerra foi cruel, não quero insultar o inverno, mas apenas chamá-lo de cruel.

AS GRANADAS E O RELÓGIO ANTIMAGNÉTICO

E agora começamos a subir a espiralada, esburacadíssima (buracos feitos pelas granadas, as nossas e as "deles") e insidiosa Rota 64, que tinha tantas curvas (e ainda tem: andei por ela pela última vez em janeiro de 1981) que mais parecia (e parece) uma escada em caracol. E lá íamos subindo, subindo a trinta quilômetros por hora, com as correntes que envolviam os pneus estilhaçando o gelo, num jipe sem capota nem para-brisa. No front, para-brisa, como sabem — ou não sabem? —, é proibido, já que o simples clarão de qualquer luz nele refletida pode indicar ao inimigo a sua sempre excitada pontaria. E, pelos mesmos motivos, nem pensar em acender os faróis, por mais cerrada que estivesse a neblina, e quase sempre estava.

Pois lá íamos nós. Mas antes de chegar ao QG avançado, em Porretta Terme, tínhamos de vencer mais alguns obstáculos, além daquela buracaria toda da 64, e escapar de algumas armadilhas. Entre estas, e talvez a mais solerte, era a Ponte della Venturina, nome do lugarejo e também da ponte que cruza o Reno (o pequeno Reno italiano e não o Reno alemão), bem na entrada da cidade. Os artilheiros alemães tinham predileção especial pela maldita ponte, talvez porque aquela, a Bailey * de módulos de metal armada pelos norte-americanos, nada tinha a ver com a velha, heráldica, de pedra, que eles haviam destruído quando de sua retirada. Passar por ali era uma provação diária. E nós, correspondentes vindos de Pistoia, não tínhamos opção: era cruzar a ponte ou ficar do lado de cá. Quer dizer, do lado de cá da guerra.

A tática do motorista Adão não era bem uma tática, mas algo assim como quem joga a última ficha na roleta: antes da ponte ele dava uma parada, mandava que nos abaixássemos e nos encolhêssemos o máximo possível. E após uma rápida concentração, as mãos apertando tensas o volante, o bravo cabo-motorista soltava seu grito de guerra:

— Deus é grande!

E, numa só arrancada, o seu brioso jipe voava pela ponte, aos solavancos, sem dar importância a uma ou outra granada de morteiro que explodia perto ou afundava nas tranquilas e murmurantes águas do rio. Sempre que isso acontecia, e acontecia quase que diariamente, e sempre que uma granada explodia mais perto, o comentário de Squeff, ao sentir-se mais uma vez a salvo, do outro lado, era sempre o mesmo:

— A sorte é que meu relógio é antimagnético...

Acendia depois um cigarro e expelia umas três ou quatro baforadas, nas quais havia mais alívio do que fumaça.

* Ponte portátil de treliça inventada pelo engenheiro britânico Donald Bailey (1901-85), amplamente utilizada na Segunda Guerra Mundial para a passagem de veículos pesados, como tanques e caminhões. (N. E.)

Atravessávamos a ignóbil ponte e minutos depois já estávamos mergulhados na pesada e hostil noite de Porretta Terme. Ali, nossa primeira providência era procurar o então tenente-coronel Amaury Kruel, em sua "sala dos mapas", e saber como iam as coisas. Com a ajuda de uma varinha, ele ia arranhando o mapa de operações, explicando o que nas últimas horas — ou melhor, na noite anterior — havia mudado no front defendido pelos brasileiros. Coisas assim: a situação das companhias, dos batalhões e pelotões; se houvera ações de patrulhas, quem as comandara, até onde haviam chegado, se fora feito algum prisioneiro; e, finalmente, e essa pergunta sempre deixávamos para o fim, se alguém fora ferido ou morto.

Em seguida, cabia a cada um de nós escolher um ponto na "frente" para onde se pretendia ir, e para isso havia sempre em Porretta Terme três jipes à nossa disposição. Em média, o front da FEB se estendia por uns vinte quilômetros de montanhas, vales e penhascos, mas algumas vezes se esticava mais alguns quilômetros em ambas as extremidades. O ideal para um correspondente (numa guerra convencional) é escolher numa divisão (e a FEB era uma divisão) o batalhão ou pelotão que estivesse mais próximo do inimigo. O risco é maior, mas em compensação é mais fácil a colheita de matéria para os despachos diários.

Em termos de fornecedora de notícias, Porretta Terme, com suas trevas (das quais só iria me livrar a partir do dia 21 de fevereiro de 1945, quando da tomada de Monte Castello), rendia pouco. Já Soprasasso, com o seu pontiagudo e enxerido nariz intrometendo-se até quase o posto alemão mais avançado, rendia muito mais. Ali, havia sempre atividades: patrulhas ("deles" e nossas), duelo de artilharia, prisioneiros, uma festa. Lizzanno in Belvedere também era muito bom para se estar: fincado num dos cumes mais altos dos Apeninos bolonheses, lá em cima do hoje tão aprazível *paese*, tinha-se uma esplêndida vista panorâmica de todo o front; e até podíamos avistar, uns trinta quilômetros lá adiante, a cidade de Montese, que tanto cobiçávamos, mas que só seria nossa a partir de 14 de abril, às vésperas da primavera.

"MANDE DIZER QUE TUDO ESTÁ BEM E QUE LOGO ESTAREI DE VOLTA"

A presença dos correspondentes em qualquer posto avançado era sempre vista por oficiais e soldados com apreensão e curiosidade: "Se vocês estão aqui é porque alguma coisa vai acontecer". Às vezes, acontecia; às vezes, não. E havia até ocasiões em que um de nós ali ficava, no ponto mais extremo do front, apenas vendo a neve cair; a olhar um tanto entediado o mundão branco que o cercava; a jogar baralho; ou então, outra forma de matar o tempo, apostando nossas liras de ocupação (impressas nos Estados Unidos e que chegavam às toneladas à Itália, o papel caro estalando de novo e ainda cheirando a tinta) em que lugar exato, no espesso tapete de neve em derredor, a granada "deles" iria explodir. Também podia acontecer de algum tenente ter a ideia de nos convidar para "um passeiozinho até mais lá em cima", onde barbudos cabos e pracinhas se mantinham firmes — e por dias seguidos — em suas trincheiras e *foxholes* (abrigos individuais), com a metralhadora sempre alerta.

A presença de um correspondente no front era sempre bem-vinda. E tinha de ser: levávamos jornais do Brasil, já velhos de vinte dias, um mês, mas que eles devoravam como se fossem pão saído do forno. Levávamos cartas que nos haviam sido entregues no serviço postal de Porretta Terme; e Squeff distribuía fartamente exemplares de *O Globo Expedicionário*, que tanto sucesso faziam ali no front e que eram disputados com avidez e passados de mão em mão, depois de lidos e relidos. Além disso, estávamos sempre dispostos a prestar pequenos favores, como bater uma carta à máquina, tarefa que, devido à exiguidade do espaço, exigia de nós uma verdadeira demonstração de contorcionismo. Às vezes, as cartas já estavam escritas e devidamente envelopadas — tínhamos apenas de entregá-las aos censores do QG avançado. Algumas vezes, acontecia de uma mãe ou uma mulher receber da Itália uma carta do pracinha — ou de um oficial — na qual vinha dito que "tudo estava bem e que logo estarei de volta". Mas, na verdade, quem escrevia já havia morrido há dias, ou acabado de morrer — ou mesmo acabara de amputar um braço ou uma perna. A guerra é nojenta.

E o mais importante: pelo menos uma vez por semana, Squeff e eu, que gozávamos de franquia telegráfica e dela podíamos usar e abusar, visitávamos vários lugares no front, particularmente os mais afastados ou de difícil acesso, e lá recolhíamos dez, vinte, trinta mensagens curtas dos combatentes — mensagens que no dia seguinte já apareciam nos Associados ou em *O Globo*. "Vou bem. Logo estarei de volta"; "Saúde boa. Muitas saudades"; "Beijos, Lúcia. Mamãe, me abençoe"; "Querida Laura, muitas saudades", coisas assim, indicações sucintas mas que batiam nos corações dos parentes, aqui no Brasil, como um jato de alegria e de conforto. Era um bom serviço aquele que prestávamos, principalmente quando se tem em conta que uma carta escrita do front não levava menos de um mês para chegar ao destinatário, isso se ele morava no Rio ou em São Paulo. Para chegar ao interior de Pernambuco, já calcularam?

NÃO QUERIAM QUE A GENTE FOSSE

Pouca gente sabe disso, mas o fato é que o governo da época (a ditadura do Estado Novo, de Getúlio Vargas) não queria de forma alguma que os jornais enviassem à Itália seus próprios correspondentes. O ministro da Guerra, o general Eurico Dutra, achava que eles só iriam atrapalhar — e, "além do mais, os jornalistas indicados eram todos contrários ao governo". O dr. Lourival Fontes, chefe todo-poderoso do todo-poderosíssimo Departamento de Imprensa e Propaganda (DIP), era da mesma opinião; e acrescentava mais: que seu departamento, que controlava a Agência Nacional, podia dar conta perfeitamente do recado. De forma que, no primeiro escalão da FEB, só foram jornalistas, fotógrafos e cinegrafistas da Agência Nacional.

Roberto Marinho e Herbert Moses, diretores de *O Globo*; Assis Chateaubriand e Austregésilo de Athayde, dos *Diários Associados*; Paulo Bittencourt, do *Correio da Manhã*; e Horácio de Carvalho, do *Diário Carioca*, que conheciam bem seus funcionários e neles confiavam, não podiam se conformar com isso — e não se conformaram. Queriam mandar seus próprios correspondentes. Foi uma guerra que durou quase dois meses, mas afinal os seis venceram. Diante do ultimato, endossado pelos diretores dos jornais — "Ou mandamos nossos próprios correspondentes ou não publicamos nada do DIP referente à FEB. Usaremos apenas o serviço das agências internacionais" —, o dr. Lourival Fontes se rendeu. E lá fomos.

O TERCEIRO "INIMIGO"

Lá na Itália, no começo, os correspondentes tiveram de enfrentar um outro inimigo, além do frio e dos alemães. Tivemos de vencer a frieza e mesmo a desconfiança (que nunca chegou a uma declarada hostilidade) do próprio comando da FEB. O pessoal mais graduado, no QG avançado de Porretta Terme, no início nos recebeu quase como se fôssemos intrusos. Mostravam-se esquivos, evitavam-nos sempre que possível e quando eram obrigados a nos fornecer as informações pedidas com tanta insistência e teimosia faziam-no de maneira reticente, como quem não quer puxar conversa. Explica-se: afinal éramos, ali, representantes de uma imprensa que, embora vigiada de perto, pela inclemente censura do DIP, jamais se mostrara, por vontade própria, simpática ao Estado Novo. E que sempre que podia, e isso raramente se dava, deixava entender nas entrelinhas ou indiretamente sua insatisfação com a situação política que imperava no Brasil naqueles dias.

Com tato, muita paciência (e também muita impaciência) e persistência, aos poucos fomos vencendo aquela frieza sem sentido. Procuramos deixar claro que estávamos ali não para fazer ou falar de política, mas apenas pra recolher e mandar para o Brasil notícias referentes à ação da FEB. Mas todo esse ambiente frio, esquivo, pouco receptivo começou a se descongelar logo que chegaram ao front os nossos primeiros despachos publicados nos jornais de todo o Brasil. Lendo nossa correspondência, o pessoal mais graúdo da FEB percebeu que estávamos ali para ajudar, não para atrapalhar. Para trabalhar, não para dar trabalho. De forma que rapidamente o diálogo entre nós, correspondentes, e o comando da FEB (com o restante, de capitão para baixo, a nossa convivência, nos postos do front, sempre foi a melhor possível) tornou-se fácil. E o definitivo pacto de amizade e mútua confiança seria selado, em começos de janeiro, num memorável encontro que, a nosso pedido, tivemos com o general Mascarenhas de Moraes.

Homem extremamente bem-educado, embora introspectivo e de temperamento autoritário (além de muito cioso do seu comando), o general nos recebeu, num certo fim de tarde, de maneira formal, mas com um delicioso uísque escocês, salgadinhos etc. E tendo como testemunha, além dos seus ajudantes de ordem, uma crepitante e aconchegante lareira. Ficamos durante mais de uma hora numa das salas do seu QG (instalado no que fora — e agora é novamente — um delicioso hotel termal, lá em Porretta Terme) bebericando, conversando e desfazendo mal-entendidos. Daquele dia em diante, o general Mascarenhas passou a nos tratar como amigos, e muitas vezes era ele próprio quem nos convocava para falar das coisas que devíamos saber.

Mais tarde, nos dias que se seguiram ao 21 de fevereiro, quando o intratável Monte Castello foi finalmente conquistado, já não havia, e não podia haver, tão juntos nos encontrávamos todos, qualquer mal-entendido entre um correspondente e um oficial combatente ou mesmo um pracinha. Estávamos todos misturados na arrancada final que teve início em Castello, passou por Castelnuovo, La Serra, Montese, Zocca etc., até o vale do Panaro, e por fim até Collecchio-Fornovo, já no vale do Pó, onde a FEB deu por finda sua missão. E isso aconteceu precisamente nos dias 28 e 29 de abril de 1945, no mesmo período em que Mussolini fora primeiro fuzilado (dia 28) e em seguida dependurado com seus *gerarchi* * e sua amante (dia 29) numa barra de ferro de um posto de gasolina de Piazzale Loreto, em Milão. Naqueles dois dias, a FEB havia cercado e obrigado a render-se toda a 148ª Divisão Panzer Alemã, comandada pelo general Fretter-Pico, velho e experimentado oficial da Wehrmacht, que nos últimos cinco anos havia combatido em todas as frentes, no Oeste e no Leste, e que chegara a ser condecorado em Stalingrado.

CORRESPONDENTES: SEM MANHA, UM ENGOLIA O OUTRO

No meu caso particular, entre os "inimigos" domésticos que de certa forma procuravam dificultar o meu trabalho como pro-

* O *gerarca* era um oficial de alto escalão do Partido Nacional Fascista da Itália. (N. E.)

fissional, eu tinha um todo especial, e esse somente meu. Refiro-me a Egydio Squeff, correspondente de *O Globo*. Inimigo apenas quando era hora de caçar a notícia, acrescento logo. Éramos os dois únicos jornalistas brasileiros que dispunham de folgada franquia telegráfica, podendo enviar diariamente do front os despachos que quiséssemos, sem economia de palavras. Squeff era frágil, ardiloso: nos últimos dois meses de guerra, que foram os mais intensos (particularmente a partir de Monte Castello), eu procurava de toda maneira não me desgrudar dele, jamais perdê-lo de vista. E ele fazia o mesmo. Estivemos juntos em Monte Castello, Castelnuovo, entramos juntos em Montese (e isso quando a pequena e castigada cidade ainda não era inteiramente nossa), em Zocca, Vignola, estivemos juntos em Collecchio-Fornovo. E juntos chegamos a Milão. E ali, no primeiro dia de paz e na companhia, ainda, de Thassilo Mitke, da Agência Nacional (excelente fotógrafo que a FEB merecia ter tido desde o princípio), bebemos juntos no Biffi da Galleria Vittorio Emanuele o nosso primeiro conhaque despreocupado, sem a intenção de um querer embebedar o outro.

Muitas vezes, lá no front, Squeff, manhoso, vinha com a velha conversa que eu já sabia de cor. Dava uma tragada no cigarro (norte-americano), soltava uma baforada, começava:

— Estive pensando... A coisa aqui está muito parada para o meu gosto e parada vai continuar. Acho que amanhã cedo vou me mandar para o Sistina.

Eu me fingia de inocente, concordava:

— Boa ideia. O melhor mesmo é a gente dar um pulo até Roma — um pulo de mais de seiscentos quilômetros — e lá, no Hotel Sistina, tomar um banho decente, botar roupa limpa e descansar uns dias. Vamos? Aliás, podemos ir juntos, no mesmo jipe, no meu ou no seu.

Acabava não indo ninguém.

COMO DISSE, A GUERRA É NOJENTA

Pois finalmente chegamos a Milão, já na noite do dia 29 de abril de 1945. Os cadáveres tumefactos de Mussolini, de sua amante, Claretta Petacci, e da maioria dos seus *gerarchi* já haviam sido removidos pelos pudicos ingleses do posto de gasolina de Piazzale Loreto, onde haviam sido dependurados pelos *partigiani*.* E ali no Biffi, de roupa mudada, barbeados e penteados, bebemos o nosso primeiro e preguiçoso conhaque do pós-guerra — embora, oficialmente, a guerra só fosse acabar mesmo no dia 8 de maio. Mas para nós, correspondentes brasileiros, já havia acabado. Agora era tratar de voltar para casa.

O engraçado é que, apesar da ausência de meses e de tudo de ruim que havíamos deixado para trás, no fundo ninguém ainda queria voltar. Fomos ficando por ali, um dia em Milão, outro em Turim, outro em Bolonha, Pádua, Verona, Veneza; e depois fomos descendo: Pistoia novamente, onde recolhemos os nossos pertences, Florença mais uma vez e finalmente Roma. Era uma sensação esquisita aquela que me dominava (não sei se o mesmo acontecia com os outros; acho que sim), uma sensação ao mesmo tempo de alegria e tristeza.

A guerra, como já disse, é cheia de truques, todos nojentos; e um dos mais nojentos é fazer com que alguém que com ela conviveu durante meses acabe sendo condicionado por ela. Por isso é que naqueles dias, véspera de voltar para casa, eu sentia que não fora apenas a guerra que havia acabado, mas também uma parte do que eu era antes de chegar à Itália. Por isso é que costumo dizer que cheguei à Itália com 26 anos e voltei com quarenta, embora lá só ficasse pouco mais de oito meses.

* *Partigiano* (ou *partisan*) é como era conhecido o guerrilheiro pertencente à Resistência italiana durante a Segunda Guerra Mundial. (N. E.)

Ao contrário do poeta, não foi exatamente por delicadeza que naqueles quase nove meses perdi parte de minha mocidade, ou o que restava dela. A guerra, repito, é nojenta. E o que ela nos tira (quando não nos tira a vida) nunca mais nos devolve.

O primeiro dia

Escrevo esta minha primeira reportagem após 22 horas a bordo do transporte que nos desembarcará dentro de dezesseis dias em Nápoles. A mim e a cerca de 6 mil soldados brasileiros que comigo seguem para a guerra. É um mundo estranho e misterioso que possivelmente levará muito tempo para ser revelado. Ando pelos porões do imenso navio, perco-me em seus corredores que parecem não ter fim, e cada porta de ferro se abre para uma nova surpresa.

Os avisos e os alto-falantes que se multiplicam por todos os compartimentos são guias orais e explícitos do que se deve e não se deve fazer. Estamos em guerra, somos uma multidão que segue para a guerra, e muita coisa não se deve fazer; não se deve, por exemplo, atirar qualquer coisa ao mar. Sou apenas um recruta, bisonho e desprevenido como todo recruta, um pobre e indefeso civil em poucas semanas transformado em soldado da ativa, e me emaranho e me confundo num mundo que nunca foi o meu.

Os pracinhas, no convés ou nos corredores lá embaixo, olham sem compreender para o meu distintivo (um C graúdo pregado numa farda de oficial), não sabem se devem ou não me prestar continência. Respondo, encabulado, à saudação de alguns poucos, mas o tenente Justino Vieira, companheiro de camarote (durmo no beliche de cima, ele no do meio e no de baixo o tenente Plínio Pitaluga), já me garantiu que tenho credenciais de oficial. Sou agora um "capitão"; dentro de mais duas semanas serei "*capitano*". A verdade, porém, é que cometo gafes que matariam de vergonha qualquer oficial de verdade. Já falei com um "major" que era um coronel e ontem misturei a calça de um uniforme com a túnica de outro. Mas esta gente que viaja comigo é simpática e compreensiva, e só posso ficar comovido com a maneira gentil, quase paternal, às vezes divertida, com que soldados veteranos e oficiais tratam o recruta que uma remota "linha de tiro" não conseguiu militarizar.

O tenente Antônio Caldeira Vitral, oficial de ligação, me leva até o gabinete de comando, num dos compartimentos superiores, e me enche de dados sobre o que sou agora. Vejo-me de repente transformado numa série de números. Sou agora o CG (a partir de Roma, esse CG — Correspondente de Guerra — se transformará em War Correspondent), instalado no camarote coletivo número 107, beliche 146. Em caso de perigo, já sei o que tenho a fazer: não perder a calma, ajeitar o salva-vidas e, se houver tempo, correr para o *lifeboat* 9, a bombordo. Seriam meus companheiros no barco salva-vidas o capitão Ítalo, o capitão Mário, o capitão Darcy, o tenente Justino, o tenente Puente, o tenente Waldyr e os funcionários do Banco do Brasil Berenguer e Messeder, todos companheiros deste apinhado 107, onde bato estas linhas estirado no colchão duro, a máquina portátil equilibrada de qualquer maneira sobre as coxas. Também não devo esquecer, todas as sete da manhã, de aproveitar o máximo possível os variados pratos da primeira refeição do dia, já que a próxima, para o grupo de oficiais da primeira mesa (entre os quais fui incluído), acontecerá somente às cinco da tarde, apenas com rodadas de chocolates e caramelos comprados por preço de banana nas cantinas de bordo. Manhã cedo, portanto, mergulhei decidido no que me ofereceram: ovos, bacon, grossas fatias de presunto e queijo, muito pão, laranjada, café e creme de leite, manteiga farta que contentaria perfeitamente, durante uma semana, qualquer dona de casa. Tudo de esplêndida qualidade — tudo americano.

Há quase dois dias que estou a bordo, mas a verdade é que continuamos atracados, e o Rio, com suas luzes brilhando perto, o Cristo iluminado e as ilhas da baía, continua muito vivo dentro de todos nós. Num canto do salão dos oficiais, um capitão me confessou que seria melhor que o *General Meigs* fosse logo embora: "Enquanto a gente tem a certeza de estar perto de casa, e sem poder ver ou falar com os nossos, fica sempre com vontade de telefonar".

Saber a hora e o dia em que o transporte deve se desgrudar do armazém isolado do resto do cais por uma reforçada guarda militar, e ganhar o mar alto, é problema crucial. Um marinheiro americano me garantiu num inglês quase mímico que seria ontem de madrugada, e hoje, logo cedo, um dos garçons me segredou na cozinha que "a coisa não ia passar do meio-dia". O presidente Getúlio já nos visitou, na véspera, e num pequeno discurso deixou suas despedidas. Por coincidência, eu estava no meu camarote, tentando transportar a confusa bagagem de campanha (mais de cinquenta quilos, divididos em dois sacos, o A e o B) do passadiço do navio para o 107, correndo como um maluco navio adentro, subindo e descendo escadas, me perdendo aqui e ali, até chegar ao meu destino — por coincidência, dizia, acabava de chegar ao meu camarote quando ele, Getúlio, entrou ali com sua comitiva. Sorriu para todos, mais ou menos perfilados, disse qualquer coisa a um major, despediu-se com um aceno.

Lembro-me de que a primeira camaradagem que fiz a bordo foi com um tenente vindo da Bahia e que, mal o presidente deixou o camarote, me apresentou um apressado croqui que fez dele, Getúlio. Perguntou se devia ou não mostrar o desenho ao desenhado. Sugiro que faça a pergunta a um oficial mais graduado — a um oficial de verdade, e ele dispara pelo corredor, um tanto aflito. Não quer perder o homem.

As horas vão passando — melhor, escorrendo — e já agora posso fazer uma lista de amigos novos: o tenente Nestor Lício é um deles, oficial-dentista e que também, diz, já trabalhou em jornal. Falamos de *A Manhã*, de Mário Rodrigues, de *A Pátria*, lugares onde ele trabalhou, e ele me pede que na minha primeira correspondência para os *Diários Associados* mande abraços para Osório Borba e Bezerra de Freitas, seus amigos. Estão mandados. Outro bom companheiro, além do tenente Plínio Pitaluga, que já conhecia antes de virar "soldado", é o tenente Milton da Rocha Alencar, a quem conto, em primeira mão, uma complicada história de troca de bagagem. Acontece que recebi da Intendência do Exército, como todo oficial expedicionário, um saco A, um saco B e — ia esquecendo deste, o mais pesado de todos — um saco C. Mas não recebi conjuntamente uma espécie de rol que acompanha a entrega da bagagem e no qual vem muito bem explicado o que deve ser arrumado nos três sacos. O resultado é que guardei cuidadosamente nos sacos B e C, que vão para o porão e que só me serão devolvidos na Itália, tudo de que necessita uma criatura normal, mesmo um recruta, para as suas precisões diárias: aparelho de barbear, sabão, toalha, pasta para dentes e respectiva escova, coisas assim. O tenente Milton ouve atentamente minha história, narrada num tom profundamente melancólico, e solta uma gargalhada. E de repente a história já é conhecida de todos ali no camarote — o que não deixou de ser uma solução: requisito de alguns companheiros um pouco de tudo o que me falta, o que me deixa tranquilo.

Hoje pela manhã me surgiu pela frente a primeira exigência militar: o capitão Ítalo, comandante do compartimento, nos reuniu a todos e nos avisou que iria distribuir as tarefas referentes à faxina. Isto significa que cada oficial do 107, inclusive o correspondente e os funcionários do Banco do Brasil, terá o seu dia de muito trabalho: varrer o camarote, limpar as pias, forrar as camas, arrumar as bagagens etc. A escalação é feita conforme a idade, cabendo aos mais moços as tarefas do primeiro dia. Sou o terceiro da lista, o que significa dizer que amanhã vou ter um dia cheio. O tenente Mendonça me felicita pela sorte, pois que, segundo ele, dentro de poucos dias, com o navio andando e a turma enjoando, a coisa vai ser muito pior. Como somos dezoito no camarote, nutro sólidas esperanças de não repetir, até a chegada a Nápoles, o castigo que me espera amanhã.

Bem, meu nome é Joel Silveira, jornalista de 26 anos, e estou indo para a guerra. Voltarei? Lembro-me das palavras de Assis Chateaubriand, meu patrão, quando dele me fui despedir, já devidamente fardado: "Seu Silveira, me faça um favor de ordem pessoal. Vá para a guerra mas não morra. Repórter não é para morrer, é para mandar notícias". Prometi obedecer cegamente a suas ordens, e tenho de cumprir a promessa.

Sozinho no mundo

São oito horas da manhã, o *General Meigs* começa a atracar em Nápoles. Pouco antes do desembarque, debaixo de um frio de matar e de uma névoa fechada, o coronel Mário Travassos, comandante da tropa embarcado no 3º Escalão, assim falou ao grosso do pessoal reunido no convés maior da popa: "Chegamos à Itália duplamente satisfeitos. Vamos nos juntar aos camaradas de armas que lutam neste teatro de operações e, assim, temos a certeza de que já fazemos parte da representação do Brasil no campo de batalha. Estamos convencidos de que no Brasil nossos entes queridos pensam e sentem como nós. Estes são os fundamentos do estado moral da tropa sob o meu comando".

Antes uma chuva fina, feita de agulhas penetrantes e impiedosas, nos recebera quando passávamos diante de Capri. E agora estamos diante de uma Nápoles nublada e triste. Vejo-a assim, amarfanhada e encolhida, mas penso comigo mesmo que se houvesse sol, ela bem que poderia ser Salvador. Ou com ela parecer. Porque, como em Salvador, são duas Nápoles, a de cima e a de baixo; e, como em Salvador, as colinas se multiplicam e as ladeiras sobem ou escorregam, algumas quase verticais.

Escrevo rapidamente esta reportagem precisamente quando o *General Meigs* inicia as manobras de atracação. Os últimos avisos e ordens já estão sendo transmitidos pelas várias e possantes bocas dos alto-falantes — algumas em inglês, a maioria em português, e todas resumem uma só orientação: a de como a tropa de mais de 6 mil homens deve se comportar quando do desembarque; e, em seguida, quando de sua permanência no cais, sob a chuva fria, permanência que se calcula seja longa.

Toda a tropa enverga os seus uniformes mais pesados: japonas, gorros, luvas, pesadas botas, meias de lã. Às nove horas, quando mais encrespadas se mostram as águas da baía, começamos a descer no porto entulhado de navios de toda espécie, a maioria americanos, ou de dezenas de outros, agora apenas calcinados esqueletos de ferro, alemães e italianos, postos fora de combate pelas bombas dos Aliados.

Interrompo esta reportagem — também eu tenho que descer. Sou o número 278 na ordem de desembarque; e dentro de mais alguns minutos, com mais de cinquenta quilos de bagagem às costas, estarei pisando num chão estranho e hostil. Despeço-me do coronel Mário Travassos, com quem fiz boa camaradagem durante os dezessete dias de viagem, ele me aperta a mão, sorri e me diz:

— Bem, o trouxe vivo até aqui. Agora, a partir do cais, é por sua conta. Você tem de chegar a Roma, segundo me diz. E de lá até Pistoia. Pois tem de fazer isso sozinho. Até breve.

Desço, me ataranto um pouco, procuro um rumo. Tudo me parece um deslumbramento: as casas partidas ao meio, os meninos andrajosos do porto, que me estendem suas mãos magras e súplices, o emaranhado dos fios telegráficos que se enrolam nos postes como cobras, as mil tabuletas em inglês avisando, ordenando e orientando. Que devo fazer, assim largado com minha bagagem numa cidade que nunca vi, num mundo do qual jamais suspeitei? Uma folha perdida num torvelinho, um pobre e atarantado jovem de repente envolto num turbilhão. Nada aqui me pertence, nada tem a ver comigo. E no entanto aqui me jogaram para que eu cumpra uma missão — e terei que cumpri-la, de qualquer maneira. Nenhum desses homens, fardados ou à paisana, conquistados ou conquistadores, nenhum tem motivo para me conceder um gesto amigo. E até me falta a língua local para as necessidades mais prementes de comunicação.

A bagagem me pesa, o frio é cortante — desce certamente daquelas montanhas cinzentas, de cumes gelados, que já se avistavam muito antes de o navio entrar na baía; ou talvez deste céu de chumbo, fechado como uma enorme porta há muito emperrada em suas dobradiças — um céu duro, indecifrável, asfixiante. Na portaria do *albergo*, que me indicaram a bordo como sendo onde se reúnem os jornalistas, o homem magro, olhos úmidos e pigarro insistente entende a custo meu italiano incipiente (aquele que vim treinando a bordo com a ajuda de um dicionário), ajuda-me a carregar os dois sacos verdes; o terceiro, carrego-o eu. Na hora de pagar, em liras que ainda a bordo já foram trocadas por dólares, ele rejeita o dinheiro; quer cigarros, chocolate, caramelos, qualquer coisa que possa comer; ou até mesmo uma peça de vestuário, uma blusa, uma suéter. Aqui vou ficar um, dois dias, até encontrar uma alma caridosa (e militar — civil não pode sair da cidade sem ordem expressa do Comando Militar) que me leve a Roma.

"Então isto é que é a guerra?", eu me perguntava. Ambulâncias se enfileiravam no cais, descarregavam feridos. Bandos de soldados ruidosos, meio bêbados, enchiam as ruas. E quando veio a noite — a primeira —, veio completa, definitiva, camadas e mais camadas de treva e de nevoeiro. Munido da minha lanterna, arrisco andar pelo centro da cidade — aventura que me enche o coração de medo: é um desafio! Vozes e ruídos vêm da escuridão, indistintos, como um marulhar. Mulheres sorriem como autômatos, num exagero de batom, algumas vestidas apenas com os pesados casacos que as cobrem. Na praça de canteiros já sem forma, a estátua equestre de um herói qualquer havia perdido um pedaço do pedestal, agora transformado numa disforme ferida de cimento. E chegam do cabaré — ou *music box* — próximo, destinado apenas aos soldados, os sons de um blues mal tocado.

Pois aqui estou eu sozinho na enorme cidade subvertida, ferida de morte, invadida e estuprada de dias cinzentos e empoeirados que cheiram a gasolina e a pus, a grande cidade talada pela guerra. Aqui estou eu sem amigos e sem direção. Então, num lampejo, tudo me pareceu adulto — inclusive eu. Era isto: tudo amadurecera subitamente — a cidade, a noite, eu, os próprios meninos (numerosos e barulhentos como um enxame de abelhas famintas) que me perseguiam de mãos estendidas, sujos, insistentes, um bando sem fim de pequenos espantalhos. Tudo está maduro, à espera da morte.

Encontro com Pistoia

Entramos em Pistoia quando na cidade a noite já era fechada. Os solavancos do carro-comando nos sacodem como se fôssemos embrulhos e é difícil qualquer movimento natural. Como também é impossível nossas capas americanas e nossos pesados jaquetões expulsar o frio penetrante que nos envolve. Trememos todos, eu e os meus companheiros de viagem, rapazes do Banco do Brasil, e lá fora a neblina é espessa como uma parede de cinza. A chuva outonal encheu de lama as ruas da hirsuta cidade etrusca, lá no norte italiano, uma lama que gruda nos pneus do carro como uma goma pegajosa. Aqui e ali, diante de casas humildes de *cafoni* * ou de heráldicos palácios e mansões sem idade definida, as fogueiras brilham com um fogo muito vermelho, e há pequenos grupos reunidos em torno de suas labaredas. O sargento, que aqui chegou com o 1º Escalão e já sabe muito da guerra, me diz:

— Gente teimosa, esta. Não respeitam o *blackout*.

* *Cafone*, à semelhança de *contadino*, refere-se ao interiorano rústico que habita a Itália meridional. (N. E.)

É o frio, um frio inimigo, que nos abate, que corta nossos lábios e que transformou a ponta do meu nariz num apêndice inerte e rubro. "E o inverno nem chegou ainda", penso, desalentado, comigo mesmo.

Meus companheiros ficam no meio do caminho, diante de um casarão que parece atravancar a rua estreita e de calçamento duro, e sigo sozinho no carro-comando pelos últimos metros que me separam do QG Recuado da Força Expedicionária Brasileira. Lembro-me de ter antes cortado um pequeno e compacto bloco de plátanos, de ter evitado, através de atalhos recentes, duas ou três pontes destruídas; e de repente ergue-se diante de mim e do sargento seguro no guidão o bloco maciço do antigo quartel italiano. "Chegamos", me diz o sargento. E de sua boca sai uma golfada morna e cinza de vapor.

Ando por corredores compridos, atravesso dormitórios mergulhados na penumbra ou apenas iluminados por uma luz difusa e velada, ouço distante o som de um disco; e já agora, bem próximo, o martelar intermitente de uma máquina de escrever. O sargento levanta a lona verde que serve de porta, deixa que eu passe, empurra de qualquer jeito minha bagagem para o aposento — e lá dentro estão meus amigos Rubem Braga, do *Diário Carioca*, Egydio Squeff, de *O Globo*, e Raul Brandão, do *Correio da Manhã*. É uma chegada inesperada, e posso perfeitamente reconstituir a atitude e postura de todos, quando cheguei: Squeff batendo vagarosamente numa portátil, Brandão sumido sob uma tonelada de cobertores e Braga, na cama, debruçado sobre um mapa enorme do tamanho de um lençol.

A sala é grande, dividida ao meio por outra lona verde, e são seis as pequenas camas espalhadas sem simetria. Há uma mesa retangular no centro, feita de tábua rústica, mas me explicam logo que no andar de cima existe uma sala especial para os correspondentes. "Especial e fria como um cemitério", me diz Squeff.

Quando o frio aumenta — e está aumentando de dia para dia, de hora em hora — os jornalistas, brasileiros, ingleses e americanos, preferem escrever cá embaixo mesmo, nos dormitórios, de janelas hermeticamente fechadas, e todos enrolados em várias camadas de lã. Ao lado é a sala-dormitório dos correspondentes estrangeiros: Henry Bagley, da Associated Press; Harry Buckley, da Reuters; Frank Norall e Allan Fisher, da revista *Em Guarda*, editada pelo Coordinator of Inter-American Affairs; e Frances Hallawell, da BBC. É uma gente simpática, me dizem; e a prova disso é que logo me cercam e me bombardeiam com perguntas sobre o Brasil.

Para o correspondente, a vida aqui, duríssima, tem que obedecer a uma certa rotina. Dia sim, dia não, vamos ao front, onde estão o QG Avançado e as linhas de frente da FEB, tudo situado a menos de oitenta quilômetros do QG Recuado, e aonde se chega galgando cheio de cuidado a enviesada e esburacada Rota 62, que, a partir da etrusca Pistoia, começa a escalar os Apeninos. Nas vésperas de qualquer operação de maior envergadura lá na "frente", somos prevenidos e para lá vamos. E dos Postos de Comando da Artilharia ou da Infantaria podemos acompanhar o desenrolar dos combates ou o avançar lento das patrulhas pela terra de ninguém, um território ingrato atapetado de minas letais ou apertado entre montanhas cujas cristas os alemães há meses dominam, soberanos, por detrás de suas poderosas casamatas e de suas trincheiras cavadas no chão duro.

Tenho conversado com oficiais e soldados americanos e todos eles me falam com respeito — alguns até mesmo com entusiasmo — da capacidade de luta e resistência dos pracinhas brasileiros. Dias atrás, em Roma, numa mesa do Albergo Sistina, um capitão de artilharia do 5º Exército (seu nome é John Sheperfield, ou coisa parecida) me contou com detalhes o que foram os últimos combates da FEB no setor de Monte Castello, e me disse:

— O que os brasileiros ainda não conseguiram fazer, que é conquistar aquele maldito monte, nenhum outro soldado poderia fazer. Mas tenho certeza de que não tarda e eles chegarão lá.

Em Livorno, um outro oficial americano me perguntou, intrigado, o porquê do constante bom humor dos pracinhas brasileiros; mas também confessou que nunca em toda sua vida viu gente mais barulhenta.

Seja como for, a guerra aqui é muito diferente da guerra que conhecemos aí no Rio, um desenrolar de fatos corriqueiros e repetidos que os jornais retratam apenas como notícias do cotidiano — um cotidiano que já demora mais de quatro anos. A frente de Bolonha, da qual um dos setores, talvez o mais ingrato, está sendo defendido pelos brasileiros, é uma das mais difíceis do front italiano. Ainda ontem, numa declaração ao *Stars and Stripes*, o jornal dos soldados americanos que circula diariamente em todos os locais onde lutam os norte-americanos, o general Mark Clark, comandante do 5º Exército (ao qual a FEB está subordinada), declarou que a guerra na Itália não terminará antes de maio; e que não tinha certeza de muitos progressos durante o inverno que se aproxima, e promete ser um dos mais duros dos últimos anos.

Mas o front, apesar do frio e das primeiras neves, que caíram antes do tempo, está bastante ativo. Um exemplo: na última madrugada e com o objetivo de desfazer uma concentração inimiga, a Artilharia brasileira, sob o comando do general Cordeiro de Farias, disparou em poucas horas perto de 2 mil tiros.

Os picos dos Apeninos começam a se encapuzar de neve, e os campos e as estradas mais elevadas já amanhecem cobertos de uma toalha branca da qual se evola um halo de gelo. Durante a noite, congela a água dos nossos camburões — e é preciso muita lenha e fogo sob eles para que a água volte à sua condição líquida. São sumárias as abluções. No quartel de teto esburacado pelas bombas, lá na “frente”, a neve cai sem dó sobre nós, vela constantemente nosso sono, e seria uma temeridade dormir sem nossas grossas roupas do dia e sem a proteção adjutória dos mornos e aconchegantes *sleeping-bags*. “A coisa não vai ser mole”, penso.

A guerra dos telefones

O coronel olhou no relógio de pulso e nos disse:

— São quase quatro horas. Daqui a pouco começa o tiroteio alemão. Se vocês querem ver de perto, sigam para o castelo.

Nosso jipe recomeçou a subida através dos barrancos e da lama dos Apeninos, e a pequena cidade, lá embaixo, já estava encoberta por uma cerrada cortina de fumaça. O largo caminho que leva a Bolonha é agora um caminho fofo e pegajoso, e dos lados há ciprestes verdes e árvores desfolhadas pelo outono. Distante, quando é possível enxergar além do nevoeiro, podem ser vistos os picos que as primeiras neves forravam de um branco muito limpo. Antes de chegarmos ao posto avançado das forças brasileiras, o fogo tedesco começou a rebentar nos morros defronte, apenas a seis quilômetros do nosso carro. O ronco surdo dos morteiros foi multiplicado pelo eco, e agora é como se toda uma artilharia estivesse trabalhando nas linhas inimigas.

O cabo Mário Pinto Nogueira, que guiava o carro, entrou numa carreira maluca pelas curvas e barrancos, e foi um suspiro coletivo quando estacamos diante do posto avançado da Artilharia brasileira. O castelo é cinzento e severo, com mil corredores misteriosos, e aqui da sala mais alta, repleta de mapas, binóculos e metralhadoras portáteis, se pode divisar toda a terra de ninguém, um vale verde e compacto espremido entre as posições alemãs entrincheiradas nos morros e a vanguarda brasileira, distribuída pelos povoados da planície. Com o binóculo, é fácil reconstituir a trajetória dos morteiros que não conhecem ângulo morto e que explodem sobre o objetivo numa chuva de estilhaços.

O major diz:

— Há cinco dias que os alemães estão visando o castelo. Se não estivéssemos protegidos pela colina do lado, já teríamos sido atingidos. Vejam em que estado está o terreno ao redor.

A grama verde foi toda pipocada pelos estilhaços, e há também dezenas de grandes crateras abertas pelos canhões. Um dos leões que montam guarda na entrada do castelo, há não sei quantos anos, foi arrancado do pedestal, e agora está mortalmente ferido sobre a lama e o capim. Entre um tiro e outro de morteiro, escuta-se o gaguejar sinistro da "Lurdinha",* e cada gaguejar significa mil ou mais tiros da terrível metralhadora nazista. Vemos perfeitamente quando as saraivadas passam por entre as árvores, num alvoroço de folhas caídas e galhos partidos.

Houve um instante, quando carros brasileiros começaram a se aglomerar diante do posto, em que o tiroteio aumentou de intensidade — morteiros, canhões e metralhadoras estão atirando conjuntamente, e o barulho é infernal. Um projétil rebenta o teto esculpido da varanda e atravessa como um raio a vidraça lateral, bem por cima da cabeça do pracinha. O pracinha estava escrevendo qualquer coisa, numa mesa larga, mas num instante ele e todos nós percebemos a coisa terrível que poderia ter acontecido. Pos-

* Apelido dado pelos pracinhas brasileiros estacionados na Itália à metralhadora de fabricação alemã MG 42. (N. E.)

sivelmente, ficamos todos muito pálidos: assim vi os meus amigos, assim eles devem ter me visto. Alguém diz uma pilhéria que ninguém escuta, porque os ouvidos são todos para o bombardeio que não termina.

Uma árvore é cortada pelo meio lá embaixo. Há um ruído de vidros partidos. E é uma sensação estranha esta de saber que estamos apenas a quatro ou cinco quilômetros dos nazistas tão odiados. Saber que com um binóculo e com um pouco de paciência é possível perceber atrás de suas casamatas ou postos de observação o feio capacete de aço de um fascista alemão. O morro ingrato e povoado de armadilhas, que por duas vezes os brasileiros já tentaram dominar, sobe na nossa frente, uma escarpa deserta que vai do vale até o cimo em forma de cone. Depois é o silêncio. Um silêncio grosso, como se tudo tivesse parado de repente ou se afogado no nevoeiro que está mais denso. O major nos diz:

— É apenas uma trégua. Daqui a pouco eles recomeçam. Mas acho bom vocês irem embora antes que anoiteça. De noite vocês não podem acender os faróis do jipe e é perigoso atravessar as pontes no escuro.

Na porta, o sargento nos informa:

— É melhor voltar pela outra estrada. O caminho por onde vieram foi todo batido pela artilharia.

No meio do caminho, antes da ponte que já foi reconstruída três vezes, uma sentinela brasileira nos faz parar. Um capitão surge na escuridão, enrolado até o pescoço. Pergunta quem somos e se estamos com frio. Estamos todos tiritando, mas a grappa italiana (uma espécie de aguardente mais forte do que a nossa) nos enche de um sangue novo. A noite vai caindo aos poucos, e ainda não são cinco horas. Os morteiros recomeçaram a rebentar. O capitão olha vagamente para a frente, onde estão os nazistas, e diz:

— Eles agora ficam nesta moléstia até as sete. Mas daqui a pouco vamos responder.

Há, então, o início de um intenso dialogar entre o posto avançado e as baterias brasileiras espalhadas por toda a frente. Os batalhões têm nomes pitorescos, e o sargento chama:

— Alô, "Perfume". Tudo em ordem?

"Melhor do mundo" informa que há uma intensa concentração de fogo inimigo sobre o seu setor e "Tá na mão" pergunta se deve responder. Chegam ordens das "centrais" de tiros, e antes que voltemos para o jipe a Artilharia brasileira começa o seu tiroteio. O capitão avisa ao cabo Mário:

— Atravesse a ponte o mais depressa que você puder.

Mas o certo é que deve ter acontecido qualquer coisa, uma encrenca no motor ou uma pequena derrapagem, pois o jipe parou por alguns segundos bem no meio da ponte. Ninguém disse nada, houve longos e angustiantes segundos de expectativa. Creio que pensei no que deixaria neste mundo, e recordei um pedido do Ismaelzinho: "Volte, capitão". Quando o jipe deixou a ponte, escutei ao lado uma espécie de gemido. Era meu amigo Squeff que repetia naquela tarde, pela vigésima ou trigésima vez, o seu slogan invariável: "A cana é dura...".

A retaguarda nos espera com sua ampla sala, *fumoir* do antigo hotel de veranistas, e é qualquer coisa de muito confortável poder estirar as botas de combate enlameadas diante da grande lareira que crepita. Oficiais que passaram todo o dia na linha de frente contam histórias de lá. O Natal está próximo, com sua neve e seus pinheiros. Uma grande árvore faiscante já se encontra erguida num dos cantos da sala, ao lado do piano. O tenente tenta usar a vitrola portátil, mas não há agulha. Quando alguém empurra a porta, e chega coberto de lama, um pouco de nevoeiro escorrega para dentro, frio e cinzento. Mais tarde o oficial americano, louro como um sueco, abre o piano e põe-se a tocar melodias suaves e mansas. Nos silêncios, pode-se ouvir o correr do riacho que passa ao lado e que cerca o velho *albergo* com sua água de um azul turvo.

Nestes últimos dias, a frente brasileira tem estado muito ativa. De manhã, ao meio-dia e à tarde, até o começo da noite, os tiros partem de nós e chegam os dos alemães. Os oficiais bebem seu conhaque e contam histórias do front. Ainda ontem um pracinha foi encontrado com um ferimento na perna, na terra de ninguém. A verdade é que ele chegara a ser aprisionado pelos alemães, mas sua faca pernambucana fez recuar os tedescos. Num minuto e como um relâmpago, despencou morro abaixo, mas foi alcançado na perna por uma bala nazista. Quando foi encontrado, sua situação era lastimável. Agora sua aparência é boa e o ferimento não tem grande importância.

Um capitão me fala da "guerra de propaganda" que diariamente os alemães fazem contra os brasileiros. Os morteiros disparam projéteis que, ao explodirem, despejam sobre as linhas da FEB uma chuva de folhetos coloridos, com retratos de moças seminuas e legendas convidativas. Vi alguns desses folhetos, e num deles, como legenda a uma fotografia de qualquer senhorita muito bela, vem escrito: "Quando vocês terão isto de novo? Não morram idiotamente na guerra. Entreguem-se às patrulhas alemãs e venham descansar nos nossos campos de prisioneiros, onde há boa comida e bom tratamento". Folhetos mais ou menos semelhantes são jogados em inglês sobre as linhas americanas e inglesas do 5º e do 8º Exércitos.

Mas é também uma outra guerra que não fica sem resposta: todos os dias, brasileiros, americanos e ingleses respondem aos convites nazistas com um intenso bombardeio de sua "artilharia de propaganda". E os folhetos que caem nas retaguardas inimigas levam também sorrisos e formas de belas jovens, com promessas escritas no mais correto alemão. Um tenente brasileiro me disse ontem:

— A "papa" deles é forte. Mas perdem para nós.

Muitos pracinhas estão colecionando os cômicos folhetos

nazistas, e outros têm enfeitado suas barracas ou seus *foxholes* com aquelas *pin-up girls* que caem do céu.

Os Exércitos se encontram todos numa expectativa nervosa, há febris preparativos para ofensivas próximas, as linhas de abastecimento correm pelas estradas enlameadas ou salpicadas pela neve. Tanques monstros descansam e esperam nos caminhos. Os canhões se escondem sob camuflagens cor de bosque. Ao comprido de toda linha, dia e noite, os tiros vão e vêm. É a guerra. Mas sobre tudo isto, nesta metade de dezembro, o doce e amigo calor do Natal se estende já sobre os soldados, os quartéis, os hospitais e as trincheiras. As árvores carregadas de bolas brilhantes se multiplicam. Há árvores de Natal nas estradas, nas vitrines das cidades, nas enfermarias e no abrigo das patrulhas avançadas. Os caminhões da Cruz Vermelha distribuem embrulhos coloridos e as malas do Correio já começam a chegar abarrotadas de bons desejos e votos felizes. As papelarias das cidades vendem milhares de cartões coloridos, paisagens nevadas, e há preces de Natal escritas numa confusão de línguas: inglês, português, híndi, francês e em todas as outras falas aliadas.

Aqui no nosso quartel recuado, o correspondente Bagley já levantou sua árvore e nela dependurou esferas iluminadas e pequenas velas de todas as cores. É um grande prazer, à noite, quando o frio é total lá fora, olhar aqueles verdes e tão retos ramos de pinheiro, distrair os olhos no mundo brilhante da árvore e pensar nos amigos e pessoas queridas que estão muito longe.

Presente da quinta-coluna

De certo modo, nós aqui estamos mais distantes dos fatos sensacionais do mundo do que qualquer carioca ou paulista. Estamos vivendo a guerra, mas não na sua totalidade. O nosso setor é pequeno, naturalmente que muito animado, mas muitas vezes um fato relevante que impressionou o repórter passa inteiramente despercebido pela imprensa internacional, de olhos postos apenas naquilo que lhe pode inspirar grandes manchetes. Quando estamos na frente, como agora, as notícias nos chegam com três ou quatro dias de atraso, e quase sempre através do *Star and Stripes*, o jornal americano da área do Mediterrâneo, escrito em inglês. Há também os jornais de Florença, mas todos os diários italianos (apenas uma folha de papel, comprida e estreita) se preocupam mais com a política interna do país do que com a guerra em geral. E isto é muito lógico depois de vinte e tantos anos de cativeiro fascista.

Os jornais do Brasil chegam, invariavelmente, com um mês e meio de atraso, e agora mesmo acabo de repassar os olhos por um recém-chegado *Diário da Noite* do dia 3 de outubro. Para a turma do primeiro escalão, no entanto, o jornal foi um achado, e tem corrido de mão em mão. A página de esportes, que revela um feito qualquer do Flamengo, foi colada numa das paredes do refeitório. Nos quartéis avançados, nos postos de comando e nas baterias, oficiais e pracinhas me perguntam pelas notícias da terra. Muitos deles me indagam também por que os jornais cariocas não chegam até o front, e por que os mesmos não se interessam em conseguir um avião especial, semanal ou quinzenal, que trouxesse até aqui suas edições. Se me fosse pedida uma lista de coisas que podem levantar o moral de uma tropa, eu não deixaria de incluir jornais e cartas.

A FEB, à semelhança dos demais Exércitos aliados que lutam aqui na Itália, dispõe também dos seus jornais próprios. Um deles é o *Zé Carioca*, um pequeno boletim mimeografado em Florença e que traz, muito resumidamente, as notícias do mundo apanhadas pelo rádio. O redator-chefe do *Zé Carioca* é o pracinha José Cesar Borba. *E A Cobra Fumou* é um pouco maior e impresso em pequenas tipografias das cidades e povoados por onde vai passando a tropa brasileira. É um jornalzinho rebelde, que às vezes traz excelentes e equilibrados comentários. Um dos seus mais recentes tópicos é uma crítica às várias campanhas realizadas aí no Brasil em prol do soldado expedicionário. O jornal cita uma série delas, e pergunta por que até agora os soldados brasileiros ainda lutam com dificuldade para conseguir um maço de cigarro nacional. Quando esta reportagem chegar aí, já deve estar circulando o *Cruzeiro do Sul*, espécie de órgão oficial da FEB e que traz uma saudação especial do general Clark. Ainda há poucos dias o general Mascarenhas de Morais me falou pessoalmente do *Cruzeiro*, e me declarou que o jornal brasileiro não ficará devendo nada, em apresentação e noticiário telegráfico, aos congêneres americanos e ingleses.

Falei há pouco das notícias que nos chegam pelo rádio, e não quero deixar de fazer um comentário sobre duas emissoras constantemente ouvidas aqui. Trata-se da Rádio de Milão, "A voz da República fascista", e da Rádio de Berlim. Ainda hoje, num aparelho portátil de um capitão, tive oportunidade de seguir todos os detalhes de "uma grande manifestação" prestada a Mussolini e Graziani * na grande cidade do Norte que está no nosso caminho. Mussolini arengou por alguns minutos, numa voz distante que os microfones não pegaram direito, e naturalmente repetiu que a vitória é certa. A Rádio de Berlim brinda os brasileiros, todos os dias, com um programa especial, em português, que vai das treze às catorze horas, com música brasileira e as últimas notícias do Brasil. Não preciso dizer que, entre um samba e um telegrama, chega-nos sempre um apelo para depor as armas e irmos gozar uma tranquila paz num dos "confortáveis" campos de concentração nazista. Mas são os próprios nazistas, com suas barbaridades, que destroem o encanto de suas promessas.

Um dia desses um pracinha brasileiro conseguiu fugir de um campo nazista. Ele nos contou que, apesar de ferido no braço, foi jogado no chão, e lá ficou, se torcendo de dores e de fome, mais de dois dias. No terceiro dia, um guarda apareceu e lhe estendeu um prato com um caldo escuro e malcheiroso, que ele teve que engolir porque não aguentava mais. Todo o 5º Exército está repleto de histórias semelhantes, e quanto ao programa brasileiro que a Rádio de Berlim nos dedica, ele vale pelas notícias novas que nos dá e pelos sambas que tanto bem fazem aos ouvidos brasileiros empanturrados de *tenorini* e *cantatrici*. É algo de risonho e útil que ficamos devendo à eficientíssima e robusta quinta-coluna nacional.

* Rodolfo Graziani (1882-1955), também conhecido como o "Açougueiro da Etiópia", foi ministro da Defesa Nacional da Itália de Mussolini e um de seus militares de maior confiança. (N. E.)

Não silenciaram as baterias no Natal

Durante toda a noite a artilharia nazista ecoou pelos vales dos Apeninos, e nos manteve acordados nas camas-rolos do Quartel-General Avançado. O bombardeio começou no fim da tarde, mas desta vez não se tratava de um daqueles tiroteios vesperais, aritméticos e econômicos. Nossa Artilharia passou a responder logo depois, e sentíamos, de olhos abertos para a escuridão do quarto, uma escuridão pesada e fria, quando as granadas explodiam perto, com um barulho de ferro rebentado e um estremeção violento em todas as paredes. Os calibres são vários, cada qual traz sua voz própria, e agora já é possível ao ouvido acostumado distinguir entre o som rouco do morteiro e o explodir metálico da artilharia pesada.

"Os tedescos aproveitam a noite", me diz o tenente que está ao meu lado, recém-chegado do front, e lá fora se espraia um luar claro como dia, uma lua redonda e muito branca, da brancura de neve, caindo sobre as montanhas e os múltiplos vales da região. Quando nos levantamos, na manhã seguinte, tudo em redor parece que foi encoberto por várias mãos de cal: a neve se acumula na entrada da casa onde estamos hospedados, e dezenas de pracinhas e *paesani* italianos, afogados em mantas, abrem caminhos na coberta branca. O termômetro lá fora nos dá a temperatura — oito graus abaixo de zero. Impossível contar as peças que trago sobre mim. Sei que são muitas: camisas, roupa de lã, meias grossas americanas, galochas sobre botas acolchoadas; mas a verdade é que, apesar de todo este arsenal, o frio me sacode e me inutiliza.

Ontem à noite uma granada atravessou a parede do modesto cinema da cidadezinha, e lá está o rombo, como uma cratera solta no espaço. Outros projéteis, dezenas deles, andaram cavando buracos pelas proximidades, e aqui e ali, nas fraldas dos montes ou pelos campos, é fácil descobrir um pedaço de chão cavado sujando o branco muito puro. São oito horas da manhã quando me meto no jipe, de pneumáticos protegidos por correntes muito grossas, e sigo pelos dificílimos e perigosos caminhos que levam até os postos mais avançados da artilharia divisionária e das patrulhas brasileiras. A chuva de neve diminuiu de intensidade, mas os flocos envolvem o pequeno carro descoberto e acaba por nos cobrir com um novo uniforme, alvo como o chão.

Antes de atravessarmos a pequena e estratégica ponte, tão visada nestes últimos dias pelos nazistas, o sargento me diz:

— Nestas últimas 24 horas caíram aqui 46 granadas.

O terreno ficou como se tivesse sido arado na véspera, e um pracinha me entrega uma dezena de estilhaços que meto no bolso da japona. Uma espessa cortina de fumaça, que sai em torvelinhos dos motores diesel, protege nossa passagem — e é uma emoção estranha esta que sentimos quando o jipe, muito devagar, escorrega pelo caminho de madeira lançado sobre o rio gelado. Destacamentos de soldados brasileiros voltam da linha de frente em coluna pelo lado esquerdo da estrada, e muitos deles já trazem o seu novo uniforme de inverno, todo branco, o que consegue dar a qualquer cearense ou carioca a aparência gelada de um esquimó ou nórdico.

Uma bateria pesada brasileira está atirando bem próximo de nós, e sentimos o silvo das granadas quando passam sobre nossas cabeças, num voo curvo que vai terminar nas posições alemãs, atrás dos morros defronte. Andamos por uma estrada descoberta, e está mais do que visto que a corrida do nosso jipe continua sendo atentamente seguida pelos observadores avançados da frente inimiga. O front brasileiro é um dos mais difíceis de toda a linha do 5º Exército.

As estradas correm paralelas aos diversos montes dominados pelos nazistas. Qualquer aglomeração de viaturas, neste caminho de mil curvas, é desmantelada por concentração da artilharia inimiga, e todo o abastecimento tem que ser feito com mil cuidados, quando a noite escura protege ou através da cortina de fumaça que impede a menor visibilidade.

Num destacamento, o coronel e os oficiais nos recebem com café quente e um fogo amigo para esquentar nossos pés. Desde o dia 24, quando a primeira grande nevada iniciou uma nova etapa nas operações, que o inimigo não descansou mais. O major me informa que há cinco noites não dorme direito, e me aponta, defronte, um edifício semidestruído que fora atingido em cheio no dia 26.

— Passamos um Natal inesquecível: atendendo dezenas de telefonemas e ordenando fogo às baterias.

Estamos aqui num típico PC (Posto de Comando), e eles são muitos ao longo de toda a frente brasileira. A sala é estreita, o aquecedor não funciona direito, e há jornais e revistas sobre a mesa desarrumada. Jornais e revistas miseravelmente atrasados. Uma *pin-up girl* dependurada na parede, e uma chaleira providencial que na guerra se divide em infinitas tarefas: desde a função terapêutica de aquecer os pés congelados até a de preparar o café, que é o grande agasalho, dia e noite. O sargento traça gráficos sobre mapas minuciosos, na sala ao lado, e um capitão gaúcho chupa, calado, seu chimarrão, atento ao telefone. As baterias ao lado estão atirando. O inimigo responde, intermitentemente. E não posso esquecer aqui a ingenuidade do pracinha, que assim me falou na porta:

— Eu pensei que os tedescos fossem respeitar o Natal, a data do Senhor. Mas parece que eles ficaram ainda mais enfezados.

“Fritz está enfezado”, é como os soldados brasileiros definem qualquer recrudescimento da Artilharia nazista, e Fritz, naturalmente entusiasmado com os sucessos da frente belga, anda ultimamente mais agressivo e ousado. Quase todas as noites suas patrulhas, um grupo de vinte e poucos homens, poderosamente armados, descem até nossas linhas, e mais de um golpe de mão já foi tentado. Mas nem todos os Fritz voltam: alguns ficam estirados para sempre na terra de ninguém, outros são feitos prisioneiros. Já vi de perto alguns deles — são arrogantes, alguns, mas outros se mostram cansados e distantes. Um sargento nazista nos prometeu que a Luftwaffe voltará muito em breve, e não há quem o convença de que nenhuma contraofensiva poderá mais salvar a Alemanha. Até a data de hoje, 1º de dezembro, os brasileiros já fizeram algumas centenas de prisioneiros. Eles passam poucas horas aqui na frente, apenas o tempo necessário para o primeiro interrogatório, e são remetidos imediatamente para o Quartel-General do 5º Exército.

O major Gross nos leva agora até o ponto extremo da frente brasileira, aqui no flanco direito. Mas o jipe já não nos pode ajudar. Deixamo-lo encostado atrás de um tanque inglês, e seguimos a pé pela estrada coberta de fumaça.

Um cheiro de laboratório didático nos enche as narinas, e há um ronco de avião sobre nós. A voz do major Gross vem surda de dentro da fumaceira:

— Se vocês sentirem qualquer explosão próxima, atirem-se no chão.

A temperatura parece ter baixado mais ainda, e tenho os lábios cortados e ardendo. As pequenas poças d'água congelaram inteiramente, e agora podemos ficar em pé sobre elas, como numa mágica. No PC mais avançado, o capitão nos mostra as consequências do bombardeio tedesco, na véspera. Uma granada atravessou o teto e rebentou no primeiro andar. Os estilhaços se espalham pelo soalho arruinado e coberto de argamassa preta. Todo o terreno em redor do sobrado vermelho, esburacado pelos estilhaços e pela metralhadora, está cavado de crateras, e uma granada certeira cortou pela metade um dos trilhos da via férrea, defronte.

O capitão nos leva até os *foxholes*, um buraco cavado no chão coberto de neve, e lá dentro fica o pracinha brasileiro, a mão segura na sua metralhadora ou no seu fuzil, sentado numa cadeira improvisada e os pés apoiados nos tijolos que foram aquecidos. Eles passam aqui duas horas cada um, num revezamento que atravessa toda a noite. Não é possível aguentar mais, e confesso aqui que vinte minutos apenas lá dentro foram o suficiente para me transformar num homem sem salvação. O frio me enrolou como se eu tivesse caído numa fogueira gelada, e quando salto do buraco meus pés estão inertes como dois pedaços de chumbo. De um modo geral, porém, o pracinha tem resistido bem. Eles receberam o inverno como uma novidade estranha, muito diferente. Alguns deles tomaram *skis* emprestados aos *paesani*, e deslizam agora pelas encostas das colinas mais suaves, nas curtas folgas da retaguarda. Outros organizam violentas lutas de bola de neve, e já há bonecos brancos esculpidos no gelo, frutos da habilidade de qualquer nordestino ou paulista.

Outra coisa, no entanto, é ficar imóvel, de noite e dentro de um buraco, durante duas horas, que se esticam como dois séculos. Muitas vezes o "pé de trincheira", que incha, paralisa o pé do pracinha, inutiliza o soldado por quinze ou vinte dias, e nos hospitais da retaguarda. Mas o pracinha brasileiro é um homem que improvisa diariamente, e para cada tortura do inverno ele cria o seu remédio próprio, às vezes uma obra-prima de engenho. Contra o "pé de trincheira", por exemplo, a solução é calçar tamancos e galochas, ou então enrolar o pé em feno e calçar as galochas depois. Descobriram também que, para esquentar os dedos, nada melhor do que esfregar neve nas mãos. São pequenas receitas que nos ajudam a atravessar esse túnel branco, que começou agora no dia 23 e que irá até inícios de março.

Foi um dia movimentado, "um *test* para os nervos", como me disse o major Gross, mas ainda não posso, neste fim de tarde, escrever tranquilamente esta reportagem. Estou numa das salas do Quartel-General Avançado, e a Artilharia continua lá fora. Um tenente entra salpicado de lama e neve, e me diz:

— As granadas estão explodindo perto.

O *paesano* italiano avivou a pequena lareira com novas achas, e o fogo crepita como uma música. Há um barulho de vidraça quebrada, um pouco de neve desprendeu-se do telhado do antigo hotel, defronte. Nossas baterias, nos morros de trás, começam a responder ao fogo, e as granadas nazistas são agora muitas. Depois de uma explosão muito próxima, o tenente-médico entra na sala e me informa:

— Rebentou agora mesmo ali na esquina.

Peço um conhaque ao *cameriere*, bebo-o em dois tragos. Naturalmente que esta noite será para nós, aqui na frente, ingrata e inimiga como a de ontem.

“Não vá além daquele poste”

Sinto alguma coisa estremecer dentro quando o capitão Ernani Ayrosa da Silva (poucos dias depois ele seria gravemente ferido) me segura pelo braço e me diz:

— Cuidado. Não vá além daquele poste. O terreno está todo minado.

Volto mais uma vez ao posto mais avançado da FEB. No termômetro manual do capitão Ayrosa vem indicado que aqui fora já está fazendo oito graus abaixo de zero, o que significa dizer que a noite vai ser polar. A cortina de fumaça nos protege, grossa e acre, e por causa dela é impossível divisar qualquer coisa um metro além. A linha inimiga à nossa frente, onde os alemães estão vigilantes em seus postos igualmente avançados e protegidos em suas trincheiras e casamatas, é apenas uma parede cinzenta. Sentimos que eles estão ali, mas não os vemos, e muito menos suas trincheiras. Quando deixamos de falar — ou de sussurrar, porque qualquer som na acústica destas montanhas soa como um toque de corneta —, o silêncio volta pesado e vazio. Um silêncio que esconde ameaças e armadilhas. O capitão Ayrosa me diz:

— Estamos a menos de meio quilômetro dos alemães.

Durante alguns instantes ficamos ali parados, as botas enterradas na neve. Lá na frente, o poste inclinado, no qual o bombardeio da véspera emaranhou doidamente os fios, é assim como o marco divisório entre o nosso mundo e o mundo inimigo — duas coisas que de forma alguma poderão ser confundidas. O capitão Ayrosa acende um cigarro, me oferece. Não fumo. Há um ruído de avião voando muito alto, mas não adianta olhar para cima, pois não existe céu. Somente quando o vento frio e mais forte abre uma brecha na fumaça, podemos enxergar, por poucos minutos, as árvores descamadas pelo inverno e pelos obuses.

Além do último *foxhole* (trincheiras individuais, muitas vezes abertas por obuses inimigos) é a distância branca que não pertence a ninguém, e onde todas as noites patrulhas brasileiras e inimigas estabelecem um perigoso e mútuo contato, numa das tarefas mais ingratas da guerra. Diariamente, oficiais, sargentos e pracinhas que seguem, protegidos pela noite, para a terra de ninguém, com a missão de fazer prisioneiros ou de reconhecer o terreno, voltam com histórias que dariam um livro — e dos grandes. Como, por exemplo, a história do sargento Írcio Camargo, um paulistano que na noite de Natal saiu com os seus 23 homens para as armadilhas da brancura sem dono. De quatro da tarde às seis da manhã seguinte eles ficaram caminhando (ou, muitas vezes, rastejando) pela neve, espalhados em pequenos grupos de quatro ou cinco, e de minuto em minuto as balas alemãs assoviavam sobre suas cabeças e os morteiros explodiam ao seu redor. O sargento Írcio Camargo está agora aqui ao meu lado, no Posto de Comando Avançado. É um rapaz de 28 anos, barba por fazer, bigode espesso e descuidado, e parece viver no mais tranquilo dos mundos quando acende o seu cigarro americano. Ele me diz:

— Sempre passei o Natal em minha casa, junto aos meus. À meia-noite íamos todos à Missa do Galo e voltávamos para a ceia. Sempre foi assim, desde que me entendo como gente. Neste ano, foi o que o senhor sabe. A guerra muda tudo. Muda até o Natal.

Metade da noite os alemães lançaram um ou dois foguetes iluminativos — é assim que se diz? O belo fogo de artifício brilhou no céu em centenas de pequenas estrelas; depois o pequeno paraquedas iluminado foi descendo devagar, até ficar dependurado num galho sem folhas. O pracinha Francisco Aparecido de Oliveira, de Jacareí, que fez parte da patrulha, me conta:

— A árvore desgalhada de repente virou uma árvore de Natal. E foi aí então que aquela era exatamente a noite de Natal.

O frio estava medonho, entrava pela pele adentro, chegava até os ossos; e o vento levantava a neve e a sacudia sobre os homens do sargento Írcio. Quando os foguetes iluminados explodiam no ar, e tudo ficava claro como um dia de verão, os soldados brasileiros tinham que se estirar sobre o chão de gelo, tiritantes. Um deles, o pracinha Benedito Moreira Filho, de Pontal (São Paulo), não conseguiu resistir e ficou ali estirado na neve, inerte como um morto. Ele passou quinze dias no hospital, mas agora já está recuperado e me conta sua história:

— Uma bomba estourou perto e então mergulhei no chão. Outros morteiros começaram a explodir e eu não podia me levantar. Passei alguns instantes (ou foram séculos?) assim, e quando quis me levantar, não pude. Estava mais duro do que um pedaço de pau. O sargento Írcio é que me trouxe nas costas de lá até aqui ao Posto de Comando. Pensei que ia morrer.

O pracinha Darci Ribeiro dos Santos, de Paraúna (Minas), atuou na patrulha como telefonista. O cabo João Rosa da Silva Ramos, do Rio, me diz que chegou a enxergar à sua frente o movimento de dois ou três soldados inimigos. O terceiro-sargento Manuel Gomes Guimarães, que comandou um grupo de cinco homens, me disse:

— Durante toda a noite fiquei imaginando como estava sendo o Natal no Brasil. Particularmente lá em casa.

E o terceiro-sargento João Almeida Costa me diz:

— Nunca senti tanto frio. A noite às vezes ficava clara como se fosse meio-dia. Depois, quando a lua surgiu, ficou ainda mais clara. E eu só queria que aquela lua fosse um sol carioca, sol de dezembro na praça Saens Peña.

Esta é a história de um Natal brasileiro na frente de batalha. Um Natal diferente, gelado, traiçoeiro, de homens se arriscando numa terra varejada pelos morteiros, pelas metralhadoras. Muitos outros brasileiros, além dos soldados do capitão Ernani Ayrosa da Silva, viveram também um Natal semelhante. Eles vieram de suas cidades, grandes ou pequenas, de suas capitais, vilas ou simples povoados, e enterrados em suas trincheiras relembraram outros Natais, de paz. Este ano, na noite do Senhor, eles manejaram suas metralhadoras, jogaram granadas de mão, foram feridos ou mortos, mataram e feriram, porque assim é a guerra. E porque assim quis o fascismo de Hitler e Mussolini. É compreensível que nem todos ainda saibam direito por que lutam ou o que literalmente significa a palavra fascismo, no que ele contém de ilógico e de monstruoso, de diabólico e de aberrante. Mas todos já sabem perfeitamente que o tedesco é a essência viva de um estado de coisas agressivas e amoral que tem de acabar. E como nenhum pracinha deseja ter um Natal como este de 1944, sabem que é preciso derrotar os tedescos o mais depressa possível. É uma lição nova que todos eles aprenderam no livro da guerra, um livro aberto e inexorável onde cada página encerra a hora da verdade.

O anjo postal

O serviço postal aqui na frente está localizado em apenas duas salinhas. Repletas de caixotes e embrulhos. Lá dentro, dia e noite, estão o terceiro-sargento Ivan de Matos, os cabos Souza e Cardoso, e os soldados Baglioli e Vieira Neto. São os donos da Seção do Correio. Há ainda a Seção Telegráfica, onde trabalham o terceiro-sargento Ruiz, os cabos David, Gomes Correia, e o soldado Nery. São apenas homens e soldados, vestem-se como nós, comem nas horas do rancho e poderão perfeitamente passar despercebidos numa multidão de pracinhas. Mas às vezes é possível descobrir uma auréola de santo sobre a cabeça de cada um. E às vezes é também possível enxergá-los como figuras demoníacas, com cauda, chifres e demais características de Satanás.

O sargento Ivan, por exemplo, vira Santo Ivan quando nos recebe com um sorriso encantador e nos diz: "O senhor não é fulano? Pois aqui tem uma carta para o senhor". Amanhã Santo Ivan pode nos aparecer inteiramente transformado. Basta que qualquer um de nós — pracinhas, sargentos, tenentes, majores ou coronéis — esteja sem notícias de casa há mais de vinte dias e receba do sargento Ivan uma informação assim, rápida e fatal: "Não tem nada ainda para o senhor. Há quinze dias que não vem nada".

Por estas duas salinhas passa toda a correspondência que vem do Brasil para a frente. A carta da namorada do pracinha, da esposa do tenente, do filho do sargento, dos nossos amigos, amados, parentes, rogos, incentivos, pedidos, tristezas, alegrias, notícias de nascimentos e de mortes, tudo. Os caminhões esperam na porta e distribuem tudo isto pela frente. A carta que veio de Guaratinguetá, por exemplo, passou pelo Rio, tomou lá o avião, saltou em Nápoles, de Nápoles seguiu para Livorno, de Livorno veio aqui para o QG Recuado. Do Recuado seguirá para seu destino certo: um ponto qualquer num ponto mais avançado da frente, um *foxhole*, um posto de comando, um esquadrão de reconhecimento. Os envelopes se acumulam nos bornais ou nos largos bolsos dos fardamentos, e muitas vezes são relidos diariamente, como uma necessidade.

Uma noite dessas, estava eu num ponto qualquer da frente, quando um grupo de soldados e um sargento voltavam de uma patrulha. Estavam todos cansados e cobertos de neve. Alguém, então, avisou ao soldado: "Chegou uma carta para você". Os olhos do soldado brilharam muito e ele esqueceu todos os seus cansaços e frios. Nem chegou a tirar o pesado capacete: foi para um canto, perto do fogo, e ficou lá minutos e minutos, perdido nas acanhadas notícias que vinham de sua casa. O fogo derretia a neve que encharcava seu capote, havia lama grossa nos seus sapatos, mas aquele era um homem feliz.

E já que falamos em cartas, cito aqui um exemplo mais próximo e concreto: o exemplo deste pobre correspondente. Vinte e dois dias sem uma única notícia, e eis que hoje pela manhã o Santo Ivan mandou me avisar: "Tem uma carta para o senhor". Modestas e discretas linhas de um amigo não muito íntimo, apenas conhecido. Notícias gerais do Brasil, tudo muito esfarinhado. Mas é como se fosse um tesouro. O sargento Ivan está com a resplandecente auréola dourando sua cabeça de paranaense de Jacarezinho.

Sobre recebimento ou não de cartas, aliás, já apareceu por aqui a paródia de um samba cuja letra ainda não consegui pegar direito. É mais um lamento triste do que uma caricatura alegre, já que não pode haver no front pracinha mais desgraçado do que aquele que não sabe como vão as coisas em sua casa e em sua terra.

A sala dos segredos

Esta é a sala onde todos os mistérios da frente podem ser revelados. As paredes estão cobertas de mapas, há dezenas de bandeirinhas e círculos coloridos em torno de números que encobrem nomes de montes, vales, despenhadeiros, pontes, rios, povoados, casamatas e posições inimigas. O coronel escuta qualquer coisa no telefone de campanha, transmite uma ordem ligeira para o sargento vizinho, e o sargento vai e traça um círculo vermelho em redor de tal número. Diariamente chegam aqui, trazidas pelos *partigiani* e pelos prisioneiros vindos com as patrulhas avançadas, as mais variadas informações.

À noite, o balanço acusa sempre: tal divisão alemã mudou-se de tal para tal lugar; a divisão italiana "roçou-se" do sul para o sudoeste e o grupo alpino que estava colocado em tais montes deslocou-se agora para a frente de tal colina, bem defronte de certo setor brasileiro. Nas vésperas de qualquer acontecimento mais importante, uma progressão sólida ou um movimento importante do inimigo, notado com antecedência, é aqui nesta sala, no Quartel-General Avançado, que o coronel nos reúne e nos explica, de lápis em punho e rodeado de mapas, todos os detalhes da operação. "Nós pretendemos fazer isto. Se tudo se realizar como planejamos, conseguiremos tal objetivo."

Os mapas são como fotografias muito minuciosas: uma pequena região de quarenta ou cinquenta quilômetros encontra-se toda exposta nas escalas aumentadas, e podemos desta forma localizar os menores acidentes do terreno. Sabemos, assim, que tal casa, visada pela nossa artilharia, está situada precisamente aqui, neste número, à margem da larga estrada que um dia será inteiramente nossa. O risco azul, que vai de uma determinada coordenada até o cume da colina metros adiante, é o caminho da patrulha que, na noite anterior, foi surpreender os tedescos nos seus próprios *foxholes*.

Os teco-tecos trazem também o resultado dos seus voos de reconhecimento: fotografias de regiões e pontos atingidos pela artilharia, esconderijos inimigos, e quando emendadas uma à outra, numa fileira que toma toda uma parede, temos um outro mapa, mais vivo e sem falhas. Para o correspondente que chega à frente, o primeiro cuidado é empurrar a pequena porta desta sala aquecida e passar os olhos pelas informações que pendem dos ganchos metálicos. Aqui estão as histórias mais recentes, histórias de patrulhas, listas de feridos, mortos ou desaparecidos, quantidade de tiros disparados pela nossa artilharia ou pela artilharia inimiga, pontos atingidos aqui e lá, alguma progressão dos nossos infantes, novos campos de minas semeados etc. Nada é encoberto ao correspondente de guerra, mas naturalmente todos sabemos o que deve e o que não deve ser dito. De certo modo, através das centenas de segredos que enchem a sala acanhada, conhecemos perfeitamente o mundo que está além de nossas linhas, o mundo dos tedescos: quantos e quais os nomes das divisões ou batalhões de que dispõem os alemães, seu potencial, os movimentos que realizaram etc.

Acontece que, uma tarde ou uma manhã, os correspondentes são chamados do seu Quartel-General Recuado para a frente. O coronel lhes quer falar, e quando a gente aqui da frente nos vê chegar em bloco, brasileiros e estrangeiros, sente logo que alguma coisa está para acontecer. Como dizia aquele tenente:

— Quando vocês aparecem por aqui, é sinal que vou passar uma noite ruim.

"Os correspondentes animam o front", costumam nos dizer aqui, mas a verdade é que quando chegamos ao Quartel-General Avançado, num convite especial, a "animação" já foi projetada ou está sendo executada.

Esta manhã, desço do meu jipe e demoro os olhos no grande mapa do setor brasileiro: está tudo mais ou menos como deixei, dez dias atrás. Os círculos azuis me apontam locais onde as nossas patrulhas entraram em contato, na noite anterior, com soldados inimigos. O pequeno ponto que os alemães haviam conseguido introduzir em determinado setor foi rechaçado. No mais, a frente está estabilizada. Há dois dias que a permuta de tiros, entre tedescos e brasileiros, diminuiu muito. Mas este não é um silêncio tranquilo. Amanhã ou depois, muita coisa poderá acontecer sobre a neve. É preciso seguir atentamente todos os movimentos dos nazistas, dois quilômetros atrás. Este mapa enorme tem mil olhos, verdes, vermelhos, azuis, olhos disfarçados em números ou em cores, e todos eles estão muito abertos.

Deixo a pequena sala tão repleta de revelações, e na porta encontro o tenente que cuida aqui da "boia" e de outros confortos necessários. Ele me pergunta:

— Onde estão seus companheiros?

Respondi que, hoje, vim sozinho. Ele suspira:

— Felizmente…

Conversa com Fritz

A guerra para este típico representante da atual Wehrmacht terminou ontem à noite, quando foi feito prisioneiro por uma patrulha brasileira, aqui na frente. É um homem de 42 anos de idade, o rosto rasgado de rugas, os olhos pisados e úmidos, unhas sujas e compridas, as divisas de cabo quase soltas no uniforme batido e cheio de remendos. A bala do fuzil de um pracinha lhe acertou a mão esquerda, que ele agora traz numa tipoia. Os pés estão enterrados em duas lembranças remotas de sapatos — uma confusão de pedaços de mantas cortadas em tiras enlameadas. A águia germânica, no seu casquete, tem uma asa partida.

Quem nos leva até sua presença é o tenente Gustavo Carlos Alexandre Stal, um dos nossos intérpretes. "Fritz" — chamemo-lo assim — acaba de ser interrogado pelas autoridades militares brasileiras, e agora está à disposição dos jornalistas para uma entrevista de alguns minutos. Pergunto-lhe, primeiramente, o que ele pensa da guerra. Fritz responde:

— Nós perdemos a guerra. Todos nós, no Exército, sabemos disso.

E mais:

— Dias atrás, quando Göring nos prometeu a Luftwaffe, alguma esperança chegou para alguns de nós. Mas até agora os aviões não vieram e possivelmente não virão mais.

Ele nos diz que antes da guerra trabalhava nas docas de sua cidade, Bremen. Foi convocado há quatro anos e mandado para a frente russa.

— Passei três anos na Rússia. Estive na Staraya Russa e recuei depois, com meu batalhão, para a Polônia. Tive dias de licença na Alemanha e depois me mandaram para a frente italiana.

Pergunto-lhe sua opinião sobre o soldado russo. Ele respondeu:

— Nunca vi o soldado russo brigar. Quando eu estava na frente soviética, era considerado velho e fazia serviço de retaguarda, nos hospitais. Pessoalmente, sempre me dei bem com os russos. É uma gente alegre e forte.

— Quando é que você acha que a guerra termina?

— Pode acabar de uma hora para outra. As coisas na Alemanha andam muito ruins. A Gestapo domina tudo, é verdade, mas a situação pode mudar de uma hora para outra.

— Você é nazista?

— Nunca fui.

— Que pretende fazer depois da guerra?

— Se me mandarem de volta para a Alemanha, começo tudo de novo. Mas quero encontrar uma Alemanha diferente, livre dos nazistas. Hitler foi a nossa desgraça.

— Como é que você passou o Natal?

Então os olhos de Fritz ficaram úmidos. Ele disfarçou e passou a manga do uniforme pelo rosto. Respondeu:

— Eu havia recebido uma carta de casa na véspera. Estava de licença, e na noite de Natal organizei uma pequena festa com alguns companheiros.

— Vocês receberam alguma mensagem ou presentes especiais no Natal?

— Alguns oficiais receberam embrulhos não sei de quê. Nós não recebemos nada.

— E roupas para o inverno?

— Até agora não vieram. Eu, por exemplo, me arrumei como pude. Quando estive em casa pela última vez, em novembro, trouxe de lá um pulôver civil e dois pares de meias de lã. Dias atrás, comprei de um italiano estas calças grossas que visto por cima da ceroula. Disseram que logo que caísse a primeira nevada, seríamos substituídos por tropas especiais de inverno. Muitas dessas tropas já chegaram, aparelhadas para o inverno, mas até anteontem não havia indícios de que iam nos mandar para a retaguarda.

— Que tal a comida de vocês, aqui na frente?

— Não é grande coisa, mas é melhor do que a do civil alemão.

— Como é que os alemães estão atravessando este inverno?

— Falta carvão. Falta também batata. Há dois anos, porém, que o inverno tem sido assim. Não acredito que este de agora seja pior do que o do ano passado.

Meu colega Francis Hallawell, da BBC, perguntou ao cabo alemão o que ele achava dos soldados brasileiros. O cabo respondeu:

— São muito violentos e agressivos. Lá na nossa frente, os tenentes e os sargentos nos avisam diariamente para termos muito cuidado com os brasileiros.

— Hitler já visitou a frente italiana, depois da queda de Mussolini?

— Que eu saiba, não.

— Você ouviu o discurso dele, no dia 1º?

— Soube que ele ia falar, mas não escutei. Que é que ele disse?

— Que os alemães devem fazer um pouco mais de sacrifício e que a vitória é certa.

O cabo Fritz não respondeu nada. Sorriu tristemente para o nosso intérprete, tirou o casquete e passou a mão pelos cabelos crescidos e emaranhados.

— Há muitos homens da sua idade nas divisões alemãs da frente italiana?

— Há muitos. Há também muitos veteranos, como eu, da frente russa. Mas as tropas SS * geralmente são constituídas de gente moça.

— Qual será o fim de Hitler?

O cabo voltou a sorrir seu sorriso triste e sem vontade. Fez um gesto com a mão, e respondeu:

— Sei lá. Mas se eu fosse ele, me matava.

Dois PMs brasileiros, altos e fortes, entraram na pequena sala e pediram licença ao tenente para levar o prisioneiro. "Fritz" bateu continência para o tenente e fez menção de nos estender a mão. Mas ficou só na intenção. Retirou-se depois, de cabeça baixa, e lá se foi encolhido e friorento entre os dois pracinhas brasileiros.

* *Schutzstaffel*, força paramilitar comandada a partir de 1929 por Heinrich Himmler (1900-1945) e responsável pelas políticas raciais e de extermínio perpetradas pelo Partido Nazista de Hitler. (N. E.)

Um canhão que não sossega

Durante mais de vinte dias o canhão nos castigou. Eu estava na frente quando o primeiro projétil acertou o centro da cidade. A granada cavou uma cratera na praça de árvores desfolhadas pelo outono, e os estilhaços se esfarinharam em derredor, partindo vidros e ferindo paredes. Uma tarde, quando estávamos reunidos diante da lareira, o tiro rebentou lá fora: agora fora a vez do cinema. O projétil atravessara a parede externa, logo abaixo do letreiro, e explodira lá dentro, entre as cadeiras. Como foi de dia, ninguém sofreu nada.

Uma noite, logo após a primeira neve, o canhão não nos deixou sossegados um único minuto. Passamos as horas de olhos abertos, diluídos na escuridão, os tiros doendo em nossos ouvidos. Mas sua safra maior e mais trágica foi aquela de dez ou doze dias atrás, quando uma de suas granadas rebentou no interior de um dos edifícios do nosso Quartel-General Avançado. Houve mortes, uma porção de feridos. O prédio aqui está defronte do rio de águas inteiramente geladas, e é como se através dele tivesse passado um furacão: o teto desabou, não ficou uma única vidraça intacta, e há um buraco que desce do último andar ao andar térreo.

As baterias recebiam ordens de neutralizar o canhão, e a cada tiro dele nós respondíamos com dois ou três. Era como se a bateria nazista estivesse fazendo sua guerra particular: as granadas vinham nos atingir nas horas mais incertas: pela manhã, à tarde, à noite. Uma tarde, durante perto de duas horas, os projéteis ficaram explodindo bem atrás da casa onde tínhamos nossos quartos, e um deles rebentou o muro defronte. Um estilhaço chegou a partir, lá em cima, a vidraça do banheiro.

No fim da primeira semana pouca coisa ainda se sabia sobre o canhão misterioso. Amostras de estilhaços diziam mais ou menos o seguinte: tratava-se de um canhão muito potente, de grande alcance, mas sua munição não era muito boa, pois os estilhaços eram grandes e poucos. Mais tarde é que se soube tratar-se de um 170 nazista, um dos mais poderosos canhões inimigos, com um alcance de trinta ou 32 quilômetros. Isto significava que nenhum dos nossos canhões, de menor alcance, podia neutralizar o 170. O jeito era mandar aviões localizá-lo, fotografar sua posição e bombardeá-lo depois. Um trabalho difícil e penoso que demorava vários dias. Os teco-tecos subiam diariamente, iam e vinham pelas geladas montanhas do outro lado da frente, voltavam cheios de fotografias. Mas nenhuma delas trazia vestígios do 170. Às vezes, parecia que uma de nossas baterias tinha atingido o malvado, possivelmente disposto pelas proximidades. Mas de repente, entre o pipocar comum da frente, ouvia-se o seu tiro surdo e sua granada pesada explodir perto.

Mas aconteceu o fundamental: o teco-teco desceu trazendo filmes novos. Os filmes foram revelados e as cópias aumentadas ao máximo. Durante toda a noite, os técnicos brasileiros se debruçaram sobre as fotografias, à cata do 170. E o 170 apareceu bem ali, numa rampa de montanha, camuflado sob uma rede como a dos pescadores. Seria ele? Outras fotografias foram trazidas e comparadas. Seria ele?

Ficou combinado, como solução, que um avião deixaria cair uma de suas bombas sobre a bateria localizada. A bomba foi jogada ontem pela manhã, depois que o sol de inverno conseguiu atravessar a neblina espessa. Estávamos no Quartel-General quando a explosão da bomba rebentou com um estouro sonoro que ficou se multiplicando pelos vales gelados.

Parece, de resto, que foi uma bomba bem-sucedida. Há mais de 24 horas que o 170 não nos dá o ar de sua graça. Os civis já voltaram a andar pelas enviesadas ruas da cidadezinha, e hoje, quando aqui esteve Umberto de Savoia, príncipe-regente da Itália, as coisas estavam mais ou menos calmas. Apenas, distante, a cotidiana troca de tiros entre brasileiros e nazistas. Passamos uma noite mansa, de sono sem sustos. Agora, aqui na frente, as conversas giram em torno de saber se o 170 voltará ou não a funcionar. Se dentro de três ou quatro dias suas granadas não explodirem na cidade, é que a bomba o acertou de fato. Será uma pequena vitória, mas pequenas vitórias, como esta, servem para economizar a vida de muita gente. O 170 nos deixou um rol trágico: seis mortos e trinta e tantos feridos, entre civis e militares. E não sei mais quantas dezenas de sustos pregados a este correspondente.

Fumaça e nevoeiro

Eu já havia lido qualquer coisa, num jornal de Roma, sobre o nevoeiro dos Apeninos. E uma tarde, antes da primeira nevada, o pracinha que ia guiando o meu jipe parou subitamente numa encosta de montanha e disse:

— A gente tem que parar aqui. Com esta nuvem não posso prosseguir.

Estamos num dos pontos mais elevados da tremenda cadeia montanhosa, entre a Toscana e a Emilia. E a nuvem de que o pracinha falava era um mundo cinzento e pesado: não se via nada a dois metros do nosso carro, e mesmo quando os faróis do jipe foram acesos, para uma experiência, a luz se chocou na parede úmida e fechada da cerração e não iluminou coisa alguma.

Durante todo o fim do outono as montanhas estiveram assim encapuzadas. Corríamos pelas fechadíssimas curvas da Via Porrettana, mas de repente nascia do chão, diante de nós, um paredão nevoento que obrigava uma freada abrupta. Não sei quantas horas perdi assim, sozinho no meio da estrada, inteiramente cercado pelas muralhas cinzentas. Não se via nem se ouvia coisa alguma, como num mundo sem cor nem som.

A primeira neve transformou esse mundo, mas não muito. Apenas trocou-lhe o clima cinzento por uma brancura total. E agora, em vez do cinzento imóvel e pesado, víamos os flocos se espalharem dentro da escuridão fechada, e um vento rápido e cortante passou a nos ferir o rosto e a nos amortecer pés e mãos.

Muitas vezes os pracinhas se atrapalhavam. Continuavam a dirigir os jipes pelas estradas encobertas, às apalpadelas, porque aquilo "podia ser fumaça dos motores diesel". Mas a verdade é que os motoristas brasileiros mais experimentados não se atrapalham mais. Quando se veem confusos e perdidos num pedaço de neblina grossa, eles sorvem o ar com as narinas e logo sabem se devem ou não avançar. Se se trata de uma "cortina de fumaça" lançada por qualquer diesel das proximidades, com o objetivo de ocultar do inimigo um ponto estratégico qualquer ou uma bateria, eles sentem logo. Dizem:

— Podemos ir, que a fumaça acaba logo adiante.

Mas se de fato se trata dos nevoeiros dos Apeninos, qualquer tentativa é perigosa. Naturalmente que, muitas vezes, a viatura não pode esperar, no meio do caminho, que uma lua branca frígida ou um sol sem vida esburaque a neblina e libere a estrada. As ambulâncias e os mensageiros, por exemplo, têm que prosseguir de qualquer maneira. Sei o que isto significa aqui na frente italiana, através de estradas que galgam montanhas e montanhas, uma coleção de caminhos curvilíneos e margeados de precipícios que desmantelam os nervos mais seguros. Imagine o leitor do Rio uma estrada de Petrópolis, à noite, totalmente encoberta por um russo multiplicado por cem, com seu asfalto oculto atrás de uma camada de gelo duro e escorregadio que varia entre dez e quinze centímetros. Além do mais, seu carro não pode acender os faróis. Assim são as viagens nestes caminhos do norte italiano.

Além do nevoeiro, do frio, da neve e do gelo, há muitas outras surpresas extras: uma ponte que o inimigo destruiu recentemente e que ainda não foi restaurada pela engenharia aliada, uma cratera aberta, lá perto das posições mais avançadas, por uma granada nazista, uma geleira que desabou sobre o caminho, mil coisas. Tenho decoradas as centenas de avisos que em inglês e português se estendem através dos caminhos que levam do nosso Quartel-General Recuado até o setor brasileiro: "Devagar! Curvas perigosas!", "*Slow! Dip!*", "Muito devagar!", "*Slow. Bridge*". Aqui e ali um artista rodoviário espetou uma caveira ameaçadora na margem da estrada, e um brasileiro deixou na entrada de Pavana, um lugarejo aqui da frente, este aviso muito sábio: "Vá devagar se tem pressa".

Na primeira vez que subi estas montanhas me surpreendi com seus perigos, duplicados mais tarde com a chegada do inverno e de suas brancuras. Um oficial italiano, que hoje serve como elemento de ligação junto à FEB, me explicou:

— Antes da guerra, esta estrada era fechada no inverno. Há um outro caminho, lá embaixo no vale, que leva também a Bolonha, mas que não passa por aqui.

Há certas alturas das quais a gente tem a impressão de avistar, se estendendo através dos vales, o mundo inteiro. No outono, esse mundo era de um verde sujo e desfolhado. Agora tudo está branco, e dói nos olhos. Posso agora enumerar duas coisas que mais inflamam os meus pobres olhos míopes: o sol de Copacabana e a neve. Se eu estivesse no Rio, agora em janeiro, estaria municiado com os mesmos óculos negros que trago agora. De uma certa maneira, é uma compensação, e viver de pequenas compensações é uma ciência que aprendi aqui. Eu e muita gente.

"Venha. A coisa está divertida."

É sábado, véspera de Carnaval, e a voz do major Henrique Oest chega do outro lado do telefone de campanha:

— Venha. A coisa está divertida. Esperamos você para almoçar.

A chuva rala que caiu durante toda a noite e transformou o caminho branco de ontem numa estrada de lama fofa é agora um aguaceiro pesado. Lembro-me das trovoadas no Nordeste, mas o pracinha de São Borja, que guia o meu jipe, me diz que as chuvas do Rio Grande não são como estas aqui da Itália:

— Lá é uma chuva limpa, a gente vê as coisas através dela. Aqui tudo fica escuro, como se estivesse caindo do céu água suja.

O Posto de Comando do major Oest está exatamente a dezessete quilômetros do nosso Quartel-General Avançado. É a posição brasileira mais próxima das linhas inimigas — um nariz pontudo que se intromete pelas linhas alemãs. "Um nariz cheirando as barbas dos nazistas", como me explica, apontando no mapa, o tenente Turvo.

Neve e gelo são inconveniências que dentro em pouco deixarão de existir. As pequenas cascatas que descem dos Apeninos, e que o duro inverno havia cristalizado, começam a se dissolver e algumas já caem livres, de uma água extremamente clara, como linfas. O começo do fim do inverno, com suas chuvas quase diárias que prenunciam a chegada da primavera, cobre agora tudo de uma lama grossa e escura que é o terror (e o martírio) das viaturas, que nela se atolam. Neve, agora, somente nas cristas mais elevadas das montanhas.

— Mas o inverno ainda não acabou. De uma hora para outra pode acontecer uma nevasca repentina. Acontece sempre.

Quem me diz isto é o *paesano* que, no meio da estrada, o jipe ia atropelando. A fumaceira artificial tirou-nos toda a visibilidade; e de minuto em minuto, como um cantochão, repete-se a melopeia da guerra: os tiros da Artilharia brasileira, que rebentam próximos, e a resposta dos alemães, de suas posições lá nos cumes. Os obuses dos artilheiros da FEB passam assoviando sobre nossas cabeças, e talvez não seja bem um assovio — é mais um gemido doloroso, como o grito de alguém se torcendo de dor. Conto mentalmente os segundos, e a granada explode cem ou duzentos metros além, em meio aos pequenos agrupamentos de casas de camponeses, cercadas de seus cones de feno, agora quase todas duramente atingidas pelos projéteis, nossos e deles. Pela décima ou vigésima vez ouço a advertência do PM, uma voz de paulista do interior que me chega do outro lado da barreira de fumaça:

— Os tedescos estão craqueando o caminho. Acho bom o senhor andar depressa.

Craquear é um verbo novo que aqui na frente brasileira significa algo de perigoso e incômodo: quer dizer que os alemães (ou tedescos, como preferem dizer os pracinhas, que já vão engrolando o seu italiano) estão castigando o caminho com obuses de canhão e granadas de morteiros, visando qualquer viatura ou comboio de abastecimento que passe por ali; ou, então, a ponte improvisada que, sobre o estreito riacho, liga as linhas avançadas à retaguarda. Mais adiante, outro PM nos previne que nosso jipe está muito próximo dos grandes caminhões que seguem à frente: "É bom manter distância. Ajuntamento pode chamar a atenção dos tedescos". Paramos por alguns minutos, enquanto as pesadas viaturas se adiantam lá na frente. Uma granada explodiu na grama já livre da neve, bem lá no fundo do pequeno e estreito vale. Um *partigiano* se aproxima do jipe e nos pede cigarro. É um rapaz corado e forte, metido numa roupa azul, com o seu fuzil-metralhadora pendendo de uma correia que ele traz no ombro direito. Pergunta para onde vamos. Respondo e ele, sem pedir licença, pula para o banco de trás do jipe. Irá conosco.

Já corremos treze quilômetros e agora temos que deixar a estrada principal. O jipe sobe a encosta enlameada aos solavancos, derrapando, ameaçando atolar-se na lama. O *partigiano* nos deixa uns quinhentos metros antes do nosso destino, e já passa das dez da manhã quando chegamos ao PC do major Oest.

Ele agora traz um bigode que cai em pontas e parece ter engordado alguns quilos — ou então é o pesado uniforme (ou as várias camadas dele) que o faz parecer assim, mais largo e mais troncudo. Leva-me por um braço para a pequena sala do andar térreo, na casa contadina, onde está reunida sua oficialidade. E é nesta sala que escrevo agora, nesta véspera de Carnaval. As paredes estão cobertas de mapas, *pin-up girls* e páginas da revista *O Cruzeiro* com histórias do Amigo da Onça. Há também um grande mapa da Europa, com a frente oriental toda riscada de linhas vermelhas e azuis. As setas brancas indicam os avanços soviéticos: Zhukov vem por aqui, Tcherniakóvski por ali.

— Você ficará aqui alguns dias. E não adianta reclamar. Já mandei seu jipe de volta.

Não adianta reclamar: a partir de agora sou um homem isolado do mundo, preso neste PC avançadíssimo, e só sairei daqui na próxima quarta-feira.

— Trouxe cama-rolo?

— Não.

— Não há de ser nada. A gente arranja umas mantas.

Fica então acertado o seguinte programa a meu respeito: trabalharei aqui no "coração da frente", que é o nome que deram a esta sala fumacenta e abafada, me explicam. Farei as refeições no PC da 6ª Companhia, que o cozinheiro de lá é melhor. À noite me acomodarei num dos quartos onde a Companhia tem sua sede e partilharei, ali, o reduzido espaço onde já estão aboletados o segundo-tenente-médico Hélio Reis Leal, de São Paulo, dois padioleiros, dois sargentos, o *paesano* Massimo e sua filha Inez, uma moça risonha que não deve ter mais de dezesseis anos.

O major Oest me leva até a janela do lado, um reduzido buraco aberto na compacta parede de pedra.

— Olhe lá para baixo e veja o que eles fizeram ontem. Mas não fique muito tempo com o rosto exposto. Podem acertá-lo.

Diviso, lá embaixo, um número sem conta de crateras abertas no chão, como feridas negras, de mau aspecto.

— Nosso carnaval começou cedo. Os tedescos começaram a atirar no fim da tarde. Morteiros e metralhadoras. A parede lá de baixo está toda pipocada. Mas em compensação não demos colher de chá. Mandamos confete que não acabava mais.

Depois o major me leva até o capitão Joaquim da Rosa Cruz.

— Tome conta do correspondente e o conduza até os *foxholes* lá em cima.

E virando-se para mim:

— Se você tiver sorte poderá ver os alemães em cima das cristas.

Estamos os dois, eu e o capitão, a chapinhar na lama.

— A guerra faz da gente um animal anfíbio — me diz ele. Diz também que é de Porto Alegre, onde deixou esposa e filhos. Respondo que no Carnaval do ano passado eu estava em Porto Alegre.

O capitão responde:

— Eu também. Dançando no Clube Comercial.

Agora sou eu que digo:

— Eu também.

— Pois veja só o que é a vida. Agora, neste Carnaval de 45, estamos novamente juntos. Será que estaremos no de 46?

Quem sabe? Se tal acontecer, certamente passaremos horas a comentar o instante de agora, falando deste carnaval de lama, granadas que explodem, das saudades que nos atormentam. O capitão murmura qualquer coisa que não escuto direito. Ele repete:

— Vamos fazer uma pausa e tomar fôlego, pois temos que subir até lá em cima, bem no cocuruto, onde estão os pracinhas. Vai ser uma dureza.

Respondo que guerra é guerra. Ele concorda:

— É.

A última etapa é feroz: o caminho é quase vertical, de forma que para vencê-lo temos que nos segurar forte nas duas grossas cordas esticadas que, num arremedo de corrimão, descem lá do ponto mais alto. E sob nossas botas a lama tem a consistência de manteiga. Mas vamos lá.

O capitão ajeita o capacete de aço e pergunta:

— Pronto?

Depois me entrega uma das cordas, segura a outra, e lá vamos nós. A chuva continua a despencar, mas o *field jacket* americano, de uma espessura blindada, e mais o esforço da subida não me deixam sentir frio. Nossas botas se enterram na lama além do tornozelo, às vezes derrapamos — e meu coração treme quando a encosta me parece faltar sob os pés. Lá embaixo, sei, é o abismo, encoberto pela fumaça.

Mas chegamos, finalmente. O capitão me explica:

— Somos aqui como uma espécie de península. Os alemães estão à nossa direita, em cima daquele morro que parece o perfil de uma mulher — está vendo? Estão também à nossa esquerda, naquela colina ali. De suas privilegiadas posições eles podem facilmente nos visar com seus morteiros e metralhadoras, mas a verdade é que nossa capacidade de fogo é maior. Não deixamos sem resposta um só tiro deles.

Aponta para um caminho estreito, do outro lado da terra de ninguém:

— Aquela estrada é vital para eles. Todas as noites eles têm que passar por ali suas viaturas, com víveres e munições. É aí que nós entramos.

Um sargento aparece, barba de dias (ou de meses), pergunta:

— É o capitão?

— Sou eu, sim. Estou aqui com um correspondente.

Vencemos os últimos metros e aqui estamos nas posições deste que é sem dúvida o mais ingrato setor de toda a frente brasileira, defendido pelo 6º Regimento de Infantaria. O sargento Zózimo de Almeida, de Jacareí (São Paulo), entretém um diálogo com o capitão.

— Voltaram? — pergunta o capitão.

— Voltaram. Mas nós carregamos em cima deles.

— E a torre?

— Hoje de manhã foi alvejada por metralhadoras. Mas nós respondemos logo.

— Alguém ferido?

— De gravidade, nenhum. E dois *foxholes* afundaram na lama, ontem à noite. Mas já estamos cavando outros.

À nossa retaguarda se enfileira uma dezena de trincheiras individuais — os *foxholes* — e lá em cima, no ponto mais elevado do morro, há uma outra fila irregular. São simples buracos cavados no chão e que abrigam o pracinha e sua metralhadora. Há revezamento de tantas em tantas horas — os homens lá de cima trocam de posição com os homens cá de baixo, numa permuta que se repete durante o dia e à noite.

Lá nos *foxholes* mais altos — limite extremo de nossas posições em todo este setor apenino — encontramos, barba crescida, cabelos emaranhados e sobrando dos capacetes, pés metidos na lama, os soldados brasileiros que no momento mais próximos se encontram na linha de frente alemã. São pracinhas que neste fim de inverno vêm realizando o trabalho mais penoso de toda a frente defendida pela FEB. Muitos deles não tomam um banho de verdade há mais de um mês — e o sonho de todos, o imediato, é a possibilidade de passar um ou dois dias, ou mesmo apenas algumas horas, no Quartel-General Avançado do general Mascarenhas, em Porretta Terme, situado em outro fundo de vale, a uns trinta quilômetros daqui.

Agora vamos falar da "casa dos pombos".

— Ela não é nossa nem deles — me explica o capitão. — Ou melhor, é nossa e é deles.

Ergo um pouco a cabeça, apenas uns cinco centímetros além do *foxhole*, e vejo-a lá embaixo, plantada no centro do vale, com o seu andar de cima deformado pelos obuses — nossos e deles. Pombos alvos como a neve passeiam tranquilos pelos escombros, beliscam aqui e ali, vão e voltam em revoadas.

— Aquela é uma casa como que à margem da guerra. Quando os tedescos querem melhorar a boia, organizam patrulhas noturnas com o objetivo de apanhar alguns dos perus e galinhas que lá se encontram, às dúzias. Nós, então, contra-atacamos. Já aconteceu até que duas patrulhas, uma nossa e outra deles, encontraram-se no meio do caminho, a apenas alguns metros da casa, que continua habitada: um casal de velhos e duas mulheres, talvez viúvas. Nessa noite não se resolveu coisa nenhuma...

O sargento Zózimo intervém para informar que não há mais galinhas nem perus, e que os alemães agora estão caçando os pombos.

— Eles em cima dos pombos e nós em cima deles.

Voltamos pelo mesmo caminho — e a descida se torna ainda mais perigosa, como escorregar sem defesa por um tobogã. De volta, enquanto tiro penosamente as botas enlameadas, no terreiro do PC, lembro-me mais uma vez que hoje é sábado, véspera de Carnaval. "Um ano atrás eu estava em Porto Alegre e à noite dancei no Clube Comercial", penso. E parece que escuto a voz do capitão Rosa dizer: "Eu também".

Ursadas e telegramas

O pracinha mexeu no bolso e me entregou os quatro telegramas vindos do Brasil, já amassados de tanta leitura. Me disse:

— O senhor pode contar a história, contanto que não fale no meu nome nem no nome de minha noiva.

Éramos vizinhos de cadeira no modesto cinema da cidadezinha onde se encontra o nosso Quartel-General Recuado. Faltara eletricidade, como sempre acontece, e haviam acendido luzes de carbureto em cima do palco e na porta de entrada. Estávamos esperando pelo filme (o velhíssimo *O Picolino*, de Fred Astaire) há mais de vinte minutos. Conversamos sobre vários assuntos e o pracinha me contou o seu grande feito:

— Uma noite dessas eu estava muito triste. Então saí com um amigo e fomos beber um vinho qualquer no Foxhole. (Ele chama de Foxhole a um pequeno e sórdido bar que existe na praça da Matriz, e que fica aberto até às dez da noite.) Ficamos os dois, eu e meu amigo, um tempo enorme falando das coisas e pessoas que havíamos deixado no Brasil. Ele me perguntou se eu era noivo. Respondi que não, mas que tinha uma namorada. Meu amigo então indagou se eu gostava dela. Respondi que gostava muito. "Então por que você não fica noivo?" Eu já havia feito aquela pergunta a mim mesmo uma porção de vezes — não havia razão para não ficar noivo. Me decidi ali mesmo. Pedi papel ao homem do bar, tomei emprestada a caneta-tinteiro de um *paesano* e mandei à mãe da pequena o seguinte telegrama: "Lamento circunstâncias peço fulana casamento stop Aguardo resposta satisfatória stop". Meu amigo então confessou que também tinha uma namorada, e que também gostava muito dela. Chegou, então, minha vez: "Por que você não faz como eu?". Ele não vacilou, e escreveu também um telegrama para a futura sogra nestes termos: "Estou bem muitas saudades peço fulana casamento".

Nove dias depois, o pracinha do primeiro telegrama recebeu a resposta, via Cable & Wireless. Dizia assim: "Fulana aceitou pedido todos compartilhando contentamento formulam votos felicidades". Quem assinava era a futura sogra. O pai do pracinha também telegrafou: "Todos contentíssimos noivado felicidades stop". A mãe do pracinha foi mais sóbria. Em vez de um *cable* de sessenta cruzeiros,* mandou um telegrama cifrado, desses que custam doze cruzeiros e que chegam com números encobrindo frases. A mãe do pracinha usou a combinação 116-123-40, que quer dizer: "Parabéns e duradoura felicidade para ambos. Congratulações. Afetuosos votos de todos nós". O telegrama mais querido, porém, foi o da própria noiva, uma música inteira resumida na combinação 120-61-42: "Desejaria achar-me contigo neste raro momento todos meus melhores votos para que estejamos juntos em breve. Mais do que nunca estás agora em meu pensamento. Beijos".

Quanto ao amigo do pracinha, ainda não teve resposta alguma, mas explica-se: é que sua noiva é uma senhorita de residên-

* Equivalente a cerca de 2 reais, em 2025. (N. E.)

cia distante, no interior de Mato Grosso. E sabemos perfeitamente que casamento, no interior de Mato Grosso, não é uma coisa que se resolva por meio de simples combinações telegráficas.

O pracinha me conta sua história, e eu lhe pergunto depois se ele pretende se casar também por telegrama.

— Depende da guerra. Mas não acredito que os aliados façam uma ursada comigo e me obriguem a casar por procuração.

O "golpe de mão"

De volta de um dos postos avançados da frente, passei no posto de comando do Regimento para saber se havia novidades. O coronel Segadas Viana me disse que eu "chegara na hora", e chamou o capitão Frederico Carlos de Farias Nobre, oficial S1,* para me contar uma história recente.

— É coisa nova acontecida aqui neste setor: um "golpe de mão" tentado pelos alemães no dia 5 passado. O capitão lhe conta tudo.

O capitão me levou para sua larga sala, e me contou o seguinte:

— Na madrugada deste dia 5, os nazistas mais uma vez lançaram forte golpe de mão sobre as posições defendidas pela 7ª Companhia. Utilizando tropas de choque especializadas em ações dessa natureza, poderosamente armadas e dispondo até de carga de destruição, os atacantes se aproximaram das posições do subquarteirão defendido pela 7ª Companhia, apoiados inicialmente por intenso fogo de artilharia e morteiros e, depois, por armas automáticas. O primeiro ataque obrigou nossos soldados a se deslo-

* Soldado de primeira classe no Exército brasileiro. (N. E.)

carem dos seus postos avançados para a linha de resistência. Pressentidos já a trezentos metros das posições de um dos pelotões da 7ª Companhia, desencadeou esta sua barragem, reforçada pelos fogos de morteiros do Batalhão, da Artilharia e da Companhia de Obuses. Apesar disso, no entanto, os nazistas continuaram a avançar e chegaram até oitenta metros de nossas posições, ao mesmo tempo que começaram a exercer forte pressão sobre a 8ª e 9ª Companhias, com fortes bombardeios de artilharia e morteiros. Às 3h15 da madrugada a pressão dos atacantes continuava a fazer-se sentir com maior intensidade, particularmente à frente da 7ª Companhia, mas nossa defesa, muito bem controlada, persistia firme, coberta por fogos bem ajustados. Às 4h10, depois de uma luta intensa, os nazistas começaram a retirar-se desordenadamente, em verdadeiro pânico, castigados pelos fogos de defesa. Às 4h25 os alemães haviam desistido completamente do seu intento, tendo deixado no campo de luta um morto e um cabo ferido, que foi aprisionado. Outros seis feridos, que não conseguimos capturar, foram levados pelos próprios nazistas.

Pergunto ao capitão Frederico Carlos se os alemães haviam deixado algum material no campo de luta, depois da retirada, e ele me enumera o rol mais ou menos farto:

— Duas bazucas, uma metralhadora Beretta, vinte granadas de mão, munição para metralhadora e fuzil, quatro cargas alongadas com três metros, para destruição de redes ou campos de minas, com 44 blocos cada uma, e mais três minas.

No dia seguinte, pela manhã, os nazistas retornaram, mas suas intenções agora eram pacíficas, como diz o capitão S1:

— Os alemães apareceram lá adiante, na terra de ninguém, agitando bandeiras da Cruz Vermelha. Por meio de sinais, perguntaram se podiam apanhar os corpos de dois companheiros que haviam tombado na véspera. Demos o consentimento e eles levaram em padiolas os dois nazistas mortos.

O coronel Segadas Viana me declarou que "qualquer um ficaria entusiasmado com a resistência e combatividade dos oficiais e praças da 7ª Companhia".

— Eles se bateram com coragem, sangue-frio e espírito agressivo. Os alemães recordarão a madrugada do dia 5 como uma data triste e inimiga.

Examino depois, na pequena sala ao lado, os despojos deixados pelos nazistas na sua fuga espavorida: aqui estão suas armas e suas munições, alguns capacetes de aço e duas minas. Insinuo discretamente sobre a possibilidade de levar um daqueles capacetes comigo, como suvenir, mas o capitão fica indeciso. Então a ordem vem lá de dentro, da sala do comando:

— Pode levar. Pregue-o na parede de sua casa.

(O correspondente Braga acha que isto é uma ingenuidade. Eu também pensava assim antes de ganhar o primeiro.)

Trago ainda do PC duas outras lembranças das últimas noites: são prospectos que os nazistas deixaram cair sobre os pracinhas brasileiros no mês passado, quando a ofensiva dos Ardennes lhes trouxe uma luminosa e efêmera esperança. O primeiro diz assim:

> Brasileiros! A ITÁLIA, O INFERNO DE SANGUE, continuará a chupar o vosso sangue, como já sucedeu em Bombiana e Abetaia. O impiedoso frio invernal continuará a apoquentar-vos. Desde o dia 16 de dezembro a Alemanha encontra-se novamente no ataque. Nove divisões americanas foram para o diabo na frente ocidental, nestes últimos dias. E, além disso, ainda mais mil carros blindados.
>
> O que vos espera na Itália, ainda vocês verão. A GUERRA CONTINUA.

O outro é um convite amável, impresso em cores:

RÁDIO AURIVERDE ESTAÇÃO FEB

Ouça as canções de sua terra. Ouça a Voz da Verdade! Ouça RÁDIO AURIVERDE!

Soldado brasileiro! Você quer saber o que acontece no Brasil? Você quer escutar músicas brasileiras, canções da sua terra, sambas, tangos e músicas de dança, maxixe e modinhas? Ligue o seu rádio para ouvir a Estação Especial da FEB! A Rádio Auriverde irradia diariamente em transmissão especial para os soldados expedicionários brasileiros. Não esqueçam: das 13 às 13h45 no comprimento de ondas de 47,6 metros — 6300 quilociclos.

Já falei antes sobre a Rádio Auriverde, programas que os nazistas irradiam todos os dias, e o noticiário telegráfico vindo do Brasil é, sem dúvida alguma, uma das obras-primas da quinta-coluna nacional. Mas nós também temos nossos prospectos e nossos falatórios. Nada fica sem resposta, e não necessito dizer que nossos argumentos, argumentos de quem está ganhando a guerra, são mais fortes e mais lógicos do que as ridículas considerações nazistas. Agora mesmo, aqui na frente, foram colocados diversos alto-falantes diante dos alemães. São enormes e poderosas bocas que todos os dias repetem aos alemães verdades que eles já devem saber de cor: que nada mais adianta, que a guerra que estão fazendo é apenas uma guerra de desespero e que a rendição é a única solução inteligente. Tais verdades reboam pelos Apeninos, se estendem sobre vales, casamatas, *foxholes* e posições do inimigo — música inexorável que se repete diariamente como um canto fúnebre.

“Aquilo lá é Bolonha”

Este é um dos mais terríveis caminhos de todos os Apeninos — uma estrada estreita e esburacada que sobe, como uma pessoa arquejante, pelas fraldas e escarpas. Muitas vezes o jipe tem que parar, e o pracinha é obrigado a fazer prodígios de vontade para levar seu carro além de uma cratera que a chuva fez crescer ou de um pedaço de caminho entulhado por qualquer desmoronamento. O aspirante Joel Clapp, um dos homens da Esquadrilha de Ligação e Observação, me dá um conselho:

— Olhe sempre para a esquerda e faça de conta que você está andando por um caminho seguro.

Porque à direita são somente abismos. A estrada que leva ao nosso Quartel-General Avançado está lá embaixo, uma pequena fita enlameada que se torce através dos montes e se enrodilha, aqui e ali, como uma cobra cansada. É como se já estivéssemos a bordo de um dos frágeis teco-tecos da ELO e estivéssemos realizando um voo de reconhecimento sobre as vias nazistas. O aspirante Joel me confessa:

— Tenho mais medo deste caminho do que das alturas dominadas pelos nazistas.

Quinze ou vinte quilômetros além da bifurcação, as montanhas se rasgam num vale maior, e lá embaixo, grudado no chão, se encontra o campo de pouso dos teco-tecos, uma calçada de aço estreita e comprida. É uma quarta-feira, mas nós sabemos disso porque assim nos diz a folhinha. Os homens da ELO passaram um Carnaval movimentado. De duas em duas horas, os pequenos e desguarnecidos aviões deixam a calçada de aço, protegidos por baterias antiaéreas inglesas, e ficam "fazendo roda de peru" sobre os nazistas. Sua função é importante, e sem eles a artilharia pouca coisa pode fazer. São eles que descobrem as baterias inimigas, que localizam as viaturas e os ajuntamentos alemães atrás das montanhas que ainda não foram conquistadas. Muitas vezes é necessário voar baixo, porque o teto pesado restringe a visibilidade. Às vezes, é necessário também passar raspando sobre os tedescos, para uma boa fotografia ou qualquer localização perfeita. E tudo isto os homens dos teco-tecos fazem como se fossem anjos. Não levam armas, seu aparelho é desguarnecido como uma bicicleta, e a única coisa mais ou menos bélica que carregam consigo são as brancas asas de seda dos paraquedas.

O posto de comando dos teco-tecos fica a menos de um quilômetro do campo — uma casa relativamente nova mas estraçalhada por balas. Há um pequeno rio nos fundos, ontem gelado pelo inverno, e agora voltam novamente a correr suas águas azuladas. Aqui dentro, em quartos cobertos de fotografias de belas senhoritas e de mapas, vivem cerca de quinze homens, não falando nos sargentos e mecânicos que ocupam outras casas próximas. O aspirante Joel Clapp afirma que "os xarás sempre se dão muito bem" e resolve se transformar no meu cicerone. Seu primeiro cuidado é perguntar se quero voar. "Naturalmente que quero."

— Então você voará comigo no *Luly*.

Luly é o nome do seu teco-teco, e Luly é também o nome de sua noiva, uma moça muito bonita que mora no Rio. Antes do voo, no entanto, quero saber o nome de todos os aviadores da ELO e o trabalho que já realizaram. O major João Fabrício Belloc, comandante da Esquadrilha, me leva até sua sala, onde obtenho dados e informações completas. Estes homens chegaram aqui em meados de novembro do ano passado, e o primeiro voo, como já disse, foi no dia 17 daquele mês. Dois teco-tecos ganharam o ar, nesse dia, levando, num deles, o major Belloc e o capitão Gutierres e, no outro, o tenente João Leite Soares e o tenente Mercolin.

De lá para cá, o trabalho nunca sofreu interrupção, a não ser quando o tempo se transforma numa parede de cinza e os caminhos lá de cima ficam tão impossíveis como as estradas cá de baixo. Até a Quarta-Feira de Cinzas, quando estive na ELO, não havia registro de nenhum incidente com os teco-tecos. Eles continuam nos seus sossegados voos a cem quilômetros por hora — é o máximo que podem fazer. Mas isto não significa que o céu, lá em cima, se abre livre para eles. Há pedaços de céu que pertencem aos nazistas, e os alemães defendem suas porções com baterias e metralhadoras. "Nestes últimos cinco dias", me diz o major Belloc, "os nazistas estão atirando muito." E eu estava na sala de comando, no PC da Esquadrilha, quando o primeiro-tenente, que acabara de voltar de um voo até as linhas atrás do Monte Castello, trouxe esta informação:

— Os tedescos estão medonhos hoje. Uma granada explodiu bem na cauda do teco-teco.

Uma pequena brisa fria correu pela espinha deste correspondente, mas o outro Joel, o aspirante, garantiu que eles nunca acertavam. Então subi no seu *Luly* e ganhamos os dois o céu muito azul, iluminado de sol. Era o primeiro sol da próxima primavera, claro e frio como uma luz fluorescente. Voamos mais de uma hora. Estivemos sobre as linhas dos alemães, incrustados como ostras em suas montanhas. Vi de perto o famigerado Monte Castello, tão ingrato. Houve um instante em que o aspirante Joel ganhou impulso e foi mais longe. O ideal seria voltarmos, mas ele queria à força me mostrar de perto uma mancha branca que se estendia longe, dentro do vale. Quando a mancha se tornou mais ou menos visível — era uma cidade com rolos de fumaça saindo de casas altas — o aspirante Joel virou-se para mim e disse:

— Aquilo lá é Bolonha.

E voltamos.

Dora, o teco-teco

Ficamos os dois a trocar confidências e planos, eu numa cama e o segundo-tenente aviador Taborda noutra. Eu estava visitando a ELO, aqui neste vale estreito e úmido onde está o seu PC, e a noite súbita havia me pegado antes que pudesse voltar. Então ficou combinado que eu passaria a noite na "casa dos tenentes", um chalé cor-de-rosa a quinhentos metros do quartel do major Belloc. O tenente Taborda informou que havia uma cama vaga no seu quarto, porque o seu dono, um dos pilotos dos teco-tecos, havia seguido para Florença, em férias. Creio que nunca conversei tanto em minha vida. O aquecedor produzia um calor amigo, e eu via as horas escorregando no despertador luminoso noite adentro. Mais ou menos às 23 horas, perguntei ao tenente Taborda qual o fox que ele mais gostava de cantar nos seus programas de rádio. Ele me respondeu:

— "You'll Never Know". Creio que foi o meu maior sucesso.

Sim, porque este aviador que está agora ao meu lado, piloto de teco-teco sobre linhas inimigas, já foi cantor de rádio no Rio de Janeiro. Eu próprio conhecia de nome o Bob Hill de uma das emissoras cariocas, intérprete de músicas americanas, mas nunca poderia descobrir o crooner sentimental e sonoro no aviador de agora, metido nos seus perigos e nas suas tarefas difíceis. De vez em quando, no entanto, o cantor de ontem ressurge aqui na frente, e o tenente Taborda põe-se a repetir para seus companheiros, nos momentos de descanso, os blues e songs que fizeram parte do repertório do "definitivamente morto Bob Hill", conforme me diz ele. Também para o correspondente o tenente entoou alguns dos seus números especiais, e posso afirmar aqui que ele canta com muito sentimento.

Em 1943, o atual tenente Taborda deixou o complementar de Medicina, no Instituto La-Fayette, e entrou para o Centro de Preparação de Oficiais da Reserva (CPOR) da Aeronáutica. Foi convocado mais tarde, e passou a servir na FAB como aspirante-aviador da ativa, com expediente na Base Aérea de Santa Cruz. Quando o Grupo de Caça começou a ser formado, Taborda apresentou-se como voluntário. No Grupo, ele já tinha um irmão, o tenente Jorge, que esteve também aqui na Itália, voltando ao Brasil por motivos de saúde. O tenente Taborda veio para cá no segundo escalão. Era, então, aspirante, mas foi promovido no dia 21 de novembro do ano passado. Descubro também, no correr da nossa conversa noturna, que o tenente já foi também jornalista, com crônicas assinadas em pequenas revistas cariocas, das quais me mostra algumas.

Sua especialidade, na Base de Santa Cruz, eram os "bombardeiros de mergulho", mas seu trabalho de hoje se desenvolve num plano mais modesto embora tão arriscado quanto qualquer outro: o tenente Taborda faz dois ou três voos diários, quando o tempo permite, e leva consigo, no minúsculo teco-teco, um observador da Força Expedicionária Brasileira. Os dois passam lá em cima duas horas em cada voo, esmiuçando a frente nazista, e voltam com informações e fotografias que nortearão os tiros da Artilharia. Os teco-tecos são precisamente iguais aos que, todas as manhãs, voam sobre Botafogo e Copacabana, igualmente leves e graciosos, mas os nazistas os odeiam com um ódio de morte. O mesmo ódio de alguém por outro que vem na sua casa espionar irregularidades com o objetivo de, depois, contar tudo à polícia.

A casa espionada, no caso, são as rotas e posições nazistas, do outro lado das montanhas, e a polícia é a artilharia do general Cordeiro de Farias. Outros dados acerca do tenente Taborda: ele mora no Rio e está noivo de uma moça chamada Dora Portela Alvarenga, também do Distrito Federal. Seu teco-teco também se chama *Dora* e já voei nele por estes vales do norte.

O tenente Taborda me confessa que embarcou para a Itália como quem vem para uma aventura. "Sempre fui um sujeito muito inquieto." Mas a guerra, me diz, o transformou inteiramente. Alguns dos seus melhores amigos, pilotos do Grupo de Caça brasileiro, já foram atingidos pelos nazistas: uns mortos, outros prisioneiros, outros com destino incerto. "Estas coisas a gente não pode esquecer." E o tenente acrescenta:

— Agora, quando subo no teco-teco, levo comigo a determinação de fazer o meu trabalho o melhor possível. É preciso que esta guerra acabe, e para que ela acabe os nazistas têm que ser exterminados. Quando desço aqui no PC e entrego ao meu comandante informações seguras e criteriosas, ou quando, lá em cima, vejo a Artilharia acertar em pontos e posições por mim revelados, sinto que estou vingando um pouco a morte dos meus companheiros.

Isto ele me disse lá para o fim da conversa, numa voz muito séria. "Não é demagogia, velho. A gente aqui se arrisca todos os dias e não há tempo para quixotadas. Estou levando meu trabalho muito a sério. Eu e meus companheiros."

Quando acordei no dia seguinte, mais ou menos às oito da manhã, o tenente Taborda não estava mais no quarto. Perguntei sobre ele no PC e o major Belloc me respondeu:

— Está fazendo o primeiro voo. Da janela você vê o teco-teco dele, na direção sudoeste.

O *Dora* é apenas um pequeno ponto, vagaroso, sobre as montanhas dos alemães. Assim de longe parece uma andorinha de paz, inocente e mansa. A andorinha vai e vem sobre os perigosos cumes do inimigo, mas não leva consigo nenhuma arma. Leva apenas o coração do tenente Taborda, onde se amontoam lembranças tristes de uma porção de amigos perdidos. É o suficiente, acredito.

Monte Castello é nosso

No dia 20 de fevereiro de 1945, véspera da tomada de Monte Castello, eu estava de viagem marcada para Roma. Havia mais de quinze dias que estava ali, em Porretta Terme, no Quartel-General Avançado da FEB, à espera de algum acontecimento mais importante, que o faro do repórter sentia no ar. Mas precisava urgente de um "banho de retaguarda" — e banho no sentido literal da palavra. Precisava cortar o cabelo, fazer uma barba decente, mergulhar horas numa das banheiras (verdadeiras piscinas) do Albergo Sistina, botar uma farda limpa e bebericar no bar sempre movimentado do hotel. Em resumo, gozar uns momentos de paz e sossego. Contei isto ao major Souza Júnior, "pai" dos correspondentes, mas ele, numa advertência ao pé do ouvido, me disse:

— Acho que você deve adiar a viagem. Nas próximas horas, a coisa aqui vai esquentar.

E como esquentou! No dia seguinte, 21, os pracinhas brasileiros iriam conquistar definitivamente Monte Castello, pesadelo maior da FEB. Eu estava lá e conto como foi — do princípio ao fim.

Manhã cedo, no Quartel-General Recuado fomos avisados de que a nossa Artilharia abrira cerrado fogo, naquela noite, contra posições inimigas, nas montanhas que havia já três meses nos barravam o caminho. Tomamos um café apressado, enchemos os bolsos de chocolate e chicle, saltamos em nossas viaturas e fomos à ação. Os jipes necessários já esperavam os correspondentes, enfileirados numa das ruas de Porretta, e cada qual subiu no seu e procurou, na frente de combate, o melhor lugar para uma observação total da luta. Creio que a sorte me protegeu, que meu jipe andou mais depressa, não sei: o certo é que tomei de assalto o Posto Avançado do general Cordeiro de Farias, comandante da Artilharia Divisionária, instalada bem defronte a Monte Castello, e lá me instalei por todo o dia.

Eram oito horas da manhã quando o general me cedeu seu lugar diante da luneta binocular e me disse:

— Começamos a atacar às seis da manhã. As tropas em ofensiva constituem o 1º Regimento de Infantaria, o Sampaio. Os seus três Batalhões avançam na seguinte ordem: o 1º, comandado pelo major Olívio Gondin de Uzeda, segue pela esquerda; o 2º, comandado pelo major Sizeno Sarmento, vai pelo centro; e o 3º, comandado pelo tenente-coronel Emilio Rodrigues Franklin, partirá da direita. Nossa intenção é envolver todo o morro e, em coordenação com a ofensiva americana, que já conquistou o Monte Belvedere, tirar Castello das mãos dos alemães até o fim da tarde de hoje.

Vejo, através da luneta, os nossos pracinhas agachados lá na frente, grupos aqui e ali rastejando em direção ao cume de onde atiram, com suas curtas e sinistras gargalhadas, as terríveis "Lurdinhas" alemãs. Agora mesmo um dos nossos soldados encostou-se num pedaço de muro destruído e aponta a sua Thompson para qualquer lugar lá em cima. Os morteiros nazistas rebentam nas fraldas do sul, mas nossa Artilharia reinicia seu canhoneio sistemático e certeiro, como fizera toda a noite. Escuto os silvos das granadas sobre nós, vejo-as explodirem lá adiante, numa coroa de fumaça que cai sobre Castello como uma auréola de chumbo. Uma de nossas baterias parece que perdeu a mira, e seus tiros caem muito aquém, quase num dos setores onde se agacham os nossos pracinhas. O general Cordeiro dá ordens secas e rápidas, e durante alguns minutos seus ajudantes de ordens procuram, através dos telefones de campanha e dos dois rádios, localizar o canhão amalucado. (Dois dos cabos que manejam os telefones se chamam Oswaldo Aranha Filho, o Vavau, e Carlos Scliar, que nas horas vagas passa para o seu caderno croquis dos nossos soldados e dos *contadini* locais.) Finalmente, o capitão Durval de Alvarenga Souto Maior, comandante da 1ª Bateria do 1º Grupo de Obuses, descobre que o canhão pertence à sua unidade. Uma ordem rápida e seca pelo rádio, e os tiros agora estão perfeitamente ajustados no eficiente conjunto de toda a Artilharia. À esquerda, sobre posições americanas (representadas pela 10ª Divisão de Montanha do 5º Exército), além do Belvedere, cinco ou seis aviões Thunderbolt descem em picada, céleres como um peso despencando de cima, e metralham impiedosamente os alemães em defensiva.

Quando cheguei ao Posto de Observação do general Cordeiro, duas ou três horas depois de iniciada a ofensiva, a situação era mais ou menos esta: os Batalhões avançavam, com exceção do 2º, comandado pelo major Sizeno, que partiria às 11h35 de Gaggio Montano, a meio caminho de Monte Castello. Os alemães tentavam impedir a progressão dos brasileiros com um fogo concentrado de morteiros. Eu sabia que a conquista de Monte Castello só poderia ser consumada depois que os americanos, que partiram de Belvedere, houvessem se apoderado do Monte della Torraccia, um pico que, atrás, dominava certa parte do morro sobre o qual avançavam nossos homens. O ataque americano, que começara na noite anterior, estava, como disse, sendo efetuado por toda uma divisão especializada, a 10ª de Montanha, recentemente chegada a este setor. Naquele momento, dez da manhã, os americanos se encontravam em determinado ponto além de Menzacona, a meio caminho entre Belvedere e Torraccia. Menzacona ficara em poder de um dos batalhões brasileiros, com o qual os americanos haviam se encontrado pela manhã. Então a ofensiva combinada, no lado direito, tomou o seguinte aspecto: os brasileiros deixaram alguns homens em Menzacona e seguiram em direção a Castello, pela esquerda, comandados pelo major Uzeda; os americanos foram à frente, em direção a Torraccia. Mas lá foram bloqueados pelo fogo alemão — e dali não se mexiam.

Daí por diante, os acontecimentos se sucederam nesta ordem, conforme me dizem os quase indecifráveis apontamentos que fui tomando, às carreiras, entre uma olhada no binóculo e uma informação dos rádios:

- Às doze horas o general Mark Clark, comandante da frente italiana, o general Truscott, comandante do 5º Exército, o general Crittenberg, comandante do 4º Corpo do 5º Exército, e o comandante em chefe das Forças Aéreas do Mediterrâneo estiveram em visita ao general Mascarenhas de Moraes, no seu Posto de Observação, uns três quilômetros à direita do Posto de Comando do general Cordeiro.
- Às 12h30 o major Uzeda, que avança pela esquerda, pede proteção da Artilharia para que possa alcançar um ponto na sua frente, e o general Cordeiro ordena às baterias: "Cinco rajadas de morteiros sobre a cota 813".
- Às 13h55 um dos batalhões avisa que foram avistados reforços alemães que começam a chegar a Castello. Ao lado direito, o coronel Franklin está detido com o seu 3º Batalhão. O major Uzeda previne pelo rádio que tentará envolver Castello pela esquerda.
- Às 14h20 o major Uzeda avisa que vai atacar a cota 920, penúltimo ponto antes da crista de Castello. Pede mais tiros ao

general Cordeiro, que transmite, através dos seus auxiliares (o coronel Miranda Correia e o capitão Souto Maior são dois deles), ordem às baterias. O major Uzeda se encontra precisamente a cinco quilômetros do Posto de Observação, tendo realizado já uma progressão de mais de dois quilômetros. O diálogo entre Alma I, Alma II e Alma III (os observadores junto aos batalhões) e Lata I, Lata II e Lata III (oficiais de ligação em plena luta) se repete de minuto a minuto.

• Às 15h o major Uzeda se encontra firme na cota 930, mas coberto por metralhadoras alemãs. Seu objetivo final será a cota 977, ou seja, o cume de Castello, onde tenciona chegar depois das 16h30. Fica combinado, então, que às 16h20, quando seu batalhão iniciar a marcha definitiva sobre a crista de Castello, toda a Artilharia Divisionária concentrará seu fogo sobre as encostas e o cume do monte. Estamos disparando com canhões 105 e 155 e com morteiros.

• Às 15h30 o major Uzeda informa pelo rádio: "Meus homens estão prontos para atacar". Olho pelo binóculo que me emprestou o coronel Miranda Correia e vejo lá em cima, na cota 930, os soldados em formação de ataque, espalhados pelos pequenos vales, deitados na pouca neve que o sol fraco ainda não desfez.

• Entre 15h30 e 15h50 há uma relativa calma: somente os morteiros alemães, os aviões mergulhando e metralhando o Torraccia e um teco-teco brasileiro da Esquadrilha de Ligação e Observação (ELO), que navega solitário sobre o campo de luta.

O Posto de Observação do general Cordeiro fica localizado numa elevação do terreno, e lá embaixo é o vale que nos separa de Castello; e aqui atrás, seiscentos metros distantes, está localizado um dos grupos de obuses de nossa Artilharia. Quando suas peças disparam ao mesmo tempo, há um violento estremeção em toda a casa, e xícaras e copos tilintam na mesa com um barulho cristalino. Os *paesani* que residiam aqui neste chalé amarelo, típica casa do campo toscano, foram expulsos pela guerra e parece que não tiveram tempo suficiente para levar seus pertences. Os móveis estão intactos, há gravuras nas paredes, um Cristo desalentado e de faces descoradas, fotografias de cavalheiros fardados e senhoras em pesados e antigos trajes hibernais. Num dos cantos da sala, onde o general colocou sua luneta, descubro um *ricordo nuziale* enquadrado numa moldura dourada. Ali se lembra que no dia 11 de dezembro de 1927, numa igreja de Bolonha, se consorciaram Dino Bettocchi e Caterina Cioni. Uma paz distante.

• Às 16h05 o coronel Franklin informa pelo rádio que seus homens ocuparam Fornelli, à direita de Castello e bem próximo do seu cume. Tratava-se, até a véspera, de um ponto forte inimigo, eriçado de metralhadoras, que acaba de ser dominado pelos nossos soldados. Fornelli — como Abetaia, mais ao sul — foi um dos pontos em que foram barrados, em novembro e dezembro últimos, os anteriores e frustrados ataques brasileiros a Monte Castello. Continua progredindo o batalhão do coronel Franklin.

• Sem dúvida alguma, o instante mais sensacional de toda a luta do dia 21 aconteceu às 16h20, quando toda a Artilharia Divisionária concentrou seu poder de fogo sobre Castello. No céu de inverno a noite já se prenunciava, de forma que se notavam nitidamente as chamas que surgiam a cada explosão dos obuses. Chamas altas que o binóculo me mostra tão próximas.

As encostas de Castello, cessado o fogo de nossa Artilharia, se transformaram numa paisagem lunar, esburacadas pelo impacto dos obuses. O major Uzeda continua a avançar, sob a proteção de nossos tiros, e já agora começam a pipocar intensamente as metralhadoras dos seus soldados. Aqui na sala ninguém diz nada. O general grudou definitivamente os olhos na luneta, e seus dedos — vejo bem — alisam automaticamente um pedaço da mesa. O coronel Correia diz, num fiapo de voz: "Todo mundo está andando...".

• Às 17h40 os homens do major Uzeda alcançam Esperança, outro ponto de resistência dos alemães na cota 930.

• Às 17h45 o general Cordeiro de Farias afasta-se da luneta, volta-se para mim e diz: "Praticamente Castello está conquistado". Chegam logo depois informações sobre a situação da 10ª Divisão de Montanha norte-americana: eles ainda não conseguiram tomar Torraccia, de forma que o avanço brasileiro terá que ser feito sem o apoio deles e com a estratégica posição ainda em poder dos alemães.

• Às 17h50 a voz do major Franklin vem, forte, pelo rádio: "Estou no cume de Monte Castello". E pede fogo da Artilharia sobre posições inimigas além do monte. "Castello é nosso", me diz o general Cordeiro. Mais alguns minutos, e nossas baterias já estão bombardeando Casellina, Serra e Bella Vista. Os alemães respondem com morteiros. Mas nada mais lhes adiantaria, porque, como me diria na manhã seguinte o coronel Franklin, "estamos em Castello e ninguém mais nos tira daqui".

Abetaia é nome feio

São seis da manhã e o jipe me deixa em Abetaia — um nome feio. São apenas umas dez ou doze casas de camponeses, com os seus indefectíveis montes de feno, seu terreiro de terra batida, tudo isso agora ferido de morte pela guerra.

Abetaia... Este é um nome que para todo o sempre ficará na lembrança dos soldados da Força Expedicionária Brasileira: aqui eles sofreram alguns dos instantes mais cruéis da guerra; e neste chão, que desde ontem à noite já nos pertence, equilibrado na fralda frontal de Monte Castello, muitos pracinhas caíram para sempre. O cume de Monte Castello, para onde estamos indo, está aqui bem à nossa frente, cônico, liso, com suas densas castanheiras de um verde-escuro.

Durante mais de três meses Abetaia foi terra de ninguém. Os *paesani* daqui foram expulsos de suas casas: seus lares, com o passar dos dias, aos poucos foram se transformando num monte informe de ruínas. Noite e dia patrulhas brasileiras e alemãs aqui se defrontavam em combates violentos, em sucessivas disputas que fazem parte do cotidiano da guerra e que nunca são mencionadas nos comunicados oficiais, porque não passam de pequenas células do monstruoso tecido que é a guerra em si.

Na noite do dia 20 de fevereiro, véspera do definitivo ataque a Castello, o segundo-tenente Kléber Gomes Ferreira, da 6ª Companhia do 11º Regimento de Infantaria, recebeu ordem de executar uma tarefa difícil e perigosa: com os seus homens, precisamente 38, ele teria que ocupar Abetaia, enfrentando a insone vigilância inimiga. Informaram ao tenente Kléber que aquela seria uma operação diversionista, isto é, uma manobra que pudesse fazer crer aos alemães que o ataque a Castello partiria de Abetaia. O tenente Kléber pôs-se à frente dos seus homens, à meia-noite do dia 20, e seguiu para o ponto indicado. Abetaia parecia dormir. O palor da branca lua, lua de montanhas geladas, banhava suas casas destroçadas, sobre os campos em derredor, tão lisos — e tudo era um silêncio espesso, de lugar morto. "Todos nós esperávamos um choque com os alemães, sempre atentos. Mas Abetaia parecia deserta." Não estava. A morte estava ali, calada, insidiosa, à espera.

Havia somente um caminho estreito e enlameado que poucas horas antes os "mineiros" haviam livrado das minas. O resto, campos, atalhos, pontes, tudo era impraticável. Os soldados tiveram que marchar através de uma estreita via e o aviso de todo instante é que "não deixassem um centímetro a reta aberta e livre". Um passo em falso na grama dos lados ou a tentativa de apanhar qualquer souvenir alemão abandonado de propósito (um capacete, uma caneta, uma foto emoldurada do Führer, uma lata de ração) — seria morte certa; ou, no mínimo, mutilação.

O restante da noite, para aquele oficial e seus 38 homens, foi demorado e cheio de apreensões. Trincheiras individuais foram cavadas, e cada pracinha, dentro delas, resumiu todos os seus sentidos num único. Um único sentido na direção de Monte Castello, por cujas fraldas a lua derramava sua intensa claridade. Menos de trezentos metros adiante encontravam-se os alemães, protegidos pela sua montanha e casamatas.

No dia seguinte, depois que o ataque a Monte Castello já era um êxito, no final da tarde, o tenente Kléber pôde continuar sua tarefa com mais tranquilidade. Uma tarefa penosa, nada fácil: seus homens teriam que demarcar com longas fitas brancas as zonas do terreno minadas pelo inimigo; e depois, numa busca ainda mais penosa, localizar os cadáveres dos soldados brasileiros que ali haviam tombado quando do frustrado ataque a Castello do dia 12 de dezembro. "Passamos toda a manhã recolhendo os cadáveres, em número de 26." Outros corpos, de alemães, também foram encontrados, e muitos deles estavam carregados de *booby traps* (pequenos explosivos disfarçados em objetos de uso pessoal) e outras armadilhas. "A estratégia alemã parte do princípio de que um alemão morto ainda pode matar alguém", me disse o tenente Kléber.

No dia 21 os brasileiros fincaram o pé no cume de Castello, passaram a noite lá em cima e pela manhã retomaram o avanço, em direção a Castelnuovo e La Serra. Em Abetaia, o tenente Kléber e seus homens vasculhavam o chão, ameaçados de perto pelas minas e armadilhas ainda não desativadas. E as armadilhas se disfarçavam nas coisas aparentemente mais inocentes: num montinho de feno, num esqueleto de granada "esquecida" num peitoril, numa caneta-tinteiro deixada sobre uma mesa, no vão de uma janela, dentro de uma caixinha de metal guardada em qualquer armário. Ainda hoje deve existir lá em Abetaia aquele minúsculo galho de árvore, espetado num monte macio de feno, diante do qual os pracinhas passam sem coragem sequer de olhá-lo. "Aquilo pode ser a passagem para a morte. Ou pode ser simplesmente um galho de árvore espetado num monte de feno. Nunca se sabe", me disse o terceiro-sargento Amadeu Boanerges Cardona Pereira, um pernambucano de Recife. Falemos um pouco dele: é um rapaz meio sarará, o olho esquerdo um tanto enviesado, a quem os pracinhas chamam de "o louco". A isso ele responde que "quem tem juízo não vem para a guerra", e ri, mostrando todos os dentes. O sargento Boanerges já esteve cercado duas vezes pelos alemães, quando em missão de patrulha. De um dos cercos ele conseguiu livrar-se de "lambedeira" na mão e dando berros de insano. Uma bela e atemorizante "lambedeira", comprida como um sabre, que ele trouxe de Palmeira dos Índios. Boanerges tem a sua filosofia: "A gente tem de dar duro, senão eles não respeitam a gente".

A tranquilidade que recebeu os brasileiros em Abetaia, na madrugada do dia 21, durou precisamente até meia-noite do dia 23, quando os alemães em retirada desfecharam sobre os pracinhas do destacamento um violento e concentrado fogo de artilharia. O tenente Kléber e seus homens tiveram que se esconder em seus *foxholes*, "à espera que as coisas melhorassem". Mas as coisas só melhoraram lá para as duas da madrugada, quando cessou o canhoneio. "A gente nem podia pensar", me disse o tenente Kléber. E o pracinha Geraldo da Costa, um civil de Guiricema, na Zona da Mata mineira, que a guerra convocou, me disse: "Morteiro faz barulho de busca-pé, de rojão. Aprendi isto nas duas horas que passei aqui, na madrugada de 24, debaixo do bombardeio alemão".

É de Abetaia que trago as primeiras lembranças desta última ofensiva: uma bandeira da República fascista de Mussolini, jornais atrasados de Bolonha e Milão, o estojo de munição de uma metralhadora "Lurdinha", o distintivo de um SS nazista e, não sei por quê, um volume em alemão das *Bucólicas* de Virgílio. Trouxe também um folheto de umas cem páginas intitulado *Soldaten-Kameraden*, da autoria de um tal Andreas Weinberger. Informa-me o tenente Stal, que entende e fala alemão, que se trata de uma série de exortações ao soldado em luta. A edição é de Munique, agosto de 1943. O penúltimo dono do livrinho (o último sou eu) é um tal de Karl Loezer — caporal de número comprido que não sei se está vivo. Se não estiver, que Deus tome conta de sua alma.

O coronel Franklin

Vinte horas depois da conquista de Castello os caminhos ainda não estavam inteiramente transitáveis. Havia muitas armadilhas, campos e estradas estavam minados, mas o sargento me disse que, "com cuidado", eu poderia chegar até o PC do coronel Franklin. "A ordem é não deixar a estrada." Quando o jipe começou a galgar, quase alpinista, o coleante e íngreme caminho que leva à montanha, lembrei-me de certo pedaço de "estrada" que existe entre Rio Bonito e a margem do Araguaia, em Goiás: apenas duas linhas paralelas que as viaturas abriram na lama e às quais a neve, depois, deu uma dureza de ferro. Os tedescos foram expulsos de suas posições altíssimas e privilegiadas, mas ainda continuam com seus esparsos tiros de morteiro e artilharia. Quando chegamos no meio do caminho — deserto e calado como se ainda fosse terra de ninguém —, avistamos as granadas nazistas que, por cinco ou mais minutos, explodiam lá embaixo, em Gaggio Montano.

O pracinha que ia guiando perguntou se eu queria parar ali. Respondi que estávamos muito a descoberto e o melhor seria andar mais para a frente, até a próxima casa. "E veja se você pode andar mais depressa." Três pracinhas brasileiros nos receberam no bangalô abandonado — estavam estirados nos montes de feno e se levantaram rapidamente, imaginando que eu era qualquer capitão. Todas as casas desta região não estão mais desertas e caladas, como lares mortos de um mundo impraticável. Agora, em todas elas, é fácil divisar a presença de um pracinha brasileiro com seu fardamento amarfanhado, a barba por fazer e um tremendo cansaço dormindo nos olhos pesados de sono. Quando há qualquer instante de folga e tranquilidade — e eles são, hoje, tão raros —, os pracinhas se estiram ao comprido de qualquer pedaço de chão, nas colinas de feno ou na grama rala, e ficam minutos e minutos sob o primeiro e pouco *caldo* sol deste fim de inverno. São pequenas reivindicações dos nossos pracinhas, agora praticáveis depois da expulsão dos nazistas. Quarenta e oito horas antes, tudo isto aqui era chão ingrato e inimigo, batido pela Artilharia, pelas metralhadoras e morteiros, à noite iluminado pelos foguetes alemães — um campo de luta onde as sestas eram impossíveis.

A fadiga do pracinha é, nesta frente, a fadiga do tenente e do coronel, e o tenente-coronel Emílio Rodrigues Franklin me recebe com uma fisionomia típica de soldado da vanguarda. Há mais de duas noites que ele não dorme, duas olheiras roxas e espalhadas enrolam seus olhos. Mas a luta não terminou, e o PC avançado do 3º Batalhão do 1º Regimento, um dos primeiros a galgarem o cume de Castello, ainda apresentava, na manhã do dia 22 e nas seguintes, um aspecto de trincheira.

As informações chegam de minuto em minuto, o rádio está aberto, os telefones tilintam. Na porta do PC do coronel Caiado de Castro, alguns metros à direita, eu havia esbarrado com um grupo de prisioneiros nazistas — seis ou sete, alguns muito moços, alguns muito velhos, e entre eles um alto e espigado sargento cuja especialidade, parece, é fazer continências seguras e prussianas.

Uma das coisas mais ou menos incômodas que acontecem com os correspondentes, aqui na frente, é que não os deixam revelar conversas tidas com nazis presos. De vez em quando, com o pretexto de tentar pegar a censura desprevenida, envio aí para o Brasil entrevistas com prisioneiros alemães. Mas o tenente Roberto Boavista, o nosso censor adido ao 5º Exército, é aritmético na devolução das mesmas, que voltam a mim sempre acompanhadas de bilhetinhos alegres onde se explica que "não pode ser". De maneira que o leitor brasileiro fica prevenido de que, se não tem visto reportagens minhas com prisioneiros tedescos, a culpa é exclusivamente da censura. Material é que não falta.

Já mandei, em correspondência telegráfica, as declarações do coronel Franklin sobre a conquista de Castello, da qual foi um dos realizadores. "Quando me vi lá em cima, disse comigo mesmo: este é meu e ninguém me toma." Mas não falei ainda, parece, sobre qualquer coisa que, durante dois dias, foi a atração máxima do PC avançado. Trata-se do cadáver de um nazista, ou, mais precisamente, de nove décimos de um cadáver nazista. Uma granada brasileira, artigo de nossa Artilharia, entrara em sua casamata, em cima da crista, e rebentara em cima do tedesco. Vi o corpo num dos quartos do PC: do lábio inferior para baixo, é um praça alemão, com seu uniforme azulado, suas botas de cano alto, tudo mais ou menos gasto; do lábio inferior para cima o que existia, se é que existia, foi levado pela granada.

Fui eu, ainda, quem levou ao coronel Franklin a notícia das eleições gerais, livres e diretas, que serão convocadas no Brasil, notícia que apanhei no *Zé Carioca*, a pequena folha mimeografada que, duas vezes por semana, corre toda a frente. A nova correu como um vento amigo, e não serei leviano se disser aqui que a notícia despertou o mais franco dos entusiasmos.

A fera

O major Uzeda falou alguns instantes com o comandante americano do grupo de tanques. Vejo de longe os dois conversarem, e o major aponta para a frente, onde está um dos morros recém-conquistados. É de lá que estão chegando estas granadas que, de cinco em cinco minutos, como numa aritmética, vão explodindo a duzentos ou trezentos metros de nós. O comandante dos tanques leva suas máquinas e seus homens para uma ravina, adiante, e mais tarde todos estão em posição de combate. São quatro horas da tarde, mais ou menos, quando os tanques começam a atirar, uns tiros secos que seguem acompanhados e abençoados por um unânime "Vai com Deus" dos pracinhas brasileiros.

Como costumo fazer sempre, peço ao major Uzeda que me mostre, no mapa, onde estou. Não é um lugar do Senhor: 450 metros além — "Às vezes menos", me diz o major — se encontram os tedescos, expulsos de suas casamatas no último dia 20 e agora fincados nas suas posições do vale. "Tudo isto aqui era terra deles." É um dos lugares mais belos de toda esta frente. Há pequenas porções de pinheiros compridos e verdes, há pequenas árvores em fileiras que naturalmente rebentarão em flores na primavera, há o clássico riachinho de toda paisagem italiana.

De cinco em cinco minutos, os alemães intranquilizam e tornam impraticável este cartão-postal: lá da janela dos fundos do PC, para onde me leva o major Uzeda, pode-se ver quando as granadas chegam e explodem numa nuvem de areia negra e lodosa. Muitas vezes, centenas ou milhares, tenho perguntado a mim mesmo por que os obuses nazistas nunca desabam sobre mim, tão próximo. Ali está uma bomba que veio do outro lado, que passou sobre o PC e que vai explodir lá embaixo. Creio que qualquer manobra despreocupada do pracinha nazista na sua artilharia e aquela bomba seria para nós. Mas o major me explica que "Ninguém morre na véspera", e continuamos os dois a assistir, "de palanque", o estrago inútil lá de baixo.

Há precisamente oito dias que o major Uzeda e seus homens vêm "dando um murro" dos mais pesados. Venho encontrar o 1º Batalhão do Regimento Sampaio — um dos primeiros a chegarem à crista do Castello — transformado numa coleção de cavalheiros afobados e barbudos. Muitos deles não dormem direito há muito tempo — suas olheiras roxas dizem isto. Durante doze horas, debaixo de uma coberta de fogo, esses homens avançaram, expulsaram os alemães de suas posições, destruíram casamatas, lutaram aqui e ali de baioneta e corpo a corpo, se instalaram definitivamente no cume do monte eriçado de metralhadores e morteiros. Desceram de Castello anteontem, depois de serem substituídos por outra tropa. Mas não vieram para um mundo de paz. Vieram para aqui, chão recém-tirado dos tedescos, campo de guerra. É lógico que não voltaram todos: entre mortos, feridos e desaparecidos, o 1º Batalhão teve 47 baixas, entre os quais treze mortos.

Agora, defronte do mapa e com a ajuda do major Uzeda (estou já há dois dias aqui no PC, e ontem — oh! surpresa da guerra — dormi numa igreja) posso reconstituir a marcha do batalhão:

ele partiu de Gaggio Montano em direção a Manzacana, um lugarejo dois quilômetros adiante. Manzacana foi ocupada na noite do dia 20 e no começo da madrugada de 21. Os homens do 1º Batalhão encontraram o povoado atapetado de minas e *booby traps*. Algumas armadilhas eram novidade para os pracinhas brasileiros, particularmente aquelas que, quando tocadas, explodiam em luzes coloridas ou começavam a gemer como uma coisa mal-assombrada.

O segundo-tenente Dulcelino Tavares, que comandou um dos pelotões, me conta que quando seus soldados escutaram aquele gemido pela primeira vez, não se assustaram muito — um deles tinha dito: "Isto é coruja. Conheço pelo pio". Mas quando a primeira "coruja" explodiu e espalhou um inferno de estilhaços por todos os lados, os pracinhas começaram a ter mais cuidado. "Não apanhem nada do chão: nem relógio, nem caneta-tinteiro, nem capacete abandonado. Não mexam nos cadáveres alemães. Não abram nem fechem portas ou janelas. Não peguem em nada" — ordens assim eram repetidas de minuto a minuto, porque esta é também uma guerra de cuidado contra o ardil.

Na manhã do dia 21, o 1º Batalhão deixou Manzacana, com seus pios agourentos, e continuou o avanço. Pode-se dizer que os segundos-tenentes Dulcelino Tavares e Fredímio Trotta pegaram Fornaci de surpresa. Eles haviam preparado o assalto durante a noite, e quando veio a primeira luz do dia caíram em cima dos despreocupados nazistas. Muitos alemães foram pegos em pleno café. Um deles fazia a barba. Nossas metralhadoras fizeram uma regular chacina entre os tedescos, que não tiveram tempo de responder ao ataque. Meia hora depois, o batalhão mandava para a retaguarda seis prisioneiros, duas "Lurdinhas" e vários pacotes de bolachas alemãs, muito saborosas. Pouco depois das cinco horas, o 1º Batalhão estava em cima de Castello. O coronel Franklin, que avançava com seu batalhão (o 3º) pela direita, chegava também.

Outro homem que trabalhou muito no dia 21 foi o primeiro-tenente Celso Patrício de Aquino. Quando ele chegou com seus homens no cume do Castello, os alemães ainda estavam em suas casamatas. A solução era mandar as bazucas contra as esplêndidas fortificações nazistas. Mas os tiros das bazucas começaram a rebentar sem resultado sobre as posições, todas construídas à base de concreto. Como a bazuca não resolvesse, o tenente Aquino teve que improvisar uma estratégia de emergência, e mandou que seus homens, em bloco, descarregassem alguns quilos de granadas de mão sobre os nazistas e seus buracos de cimento. Isto resolveu. O tenente Aquino é um goiano de fala macia e risonho. "Em suma, uma fera", me diz o major Uzeda.

Nós temos razão e eles não têm

Os soldados dos tenentes Dulcelino Tavares e Fredímio Trotta, comandantes de pelotões do 1º Regimento, chegaram à cota 1036, um dos penúltimos setores antes da crista do Monte Castello, lá para as quatro da tarde. Encontraram farta munição abandonada: morteiros, uma granada especial contra tanques, jornais de Bolonha e Milão, bolachas e cantis. Mas encontraram particularmente alguma coisa cuja presença não é muito comum numa frente de batalha: roupa branca de senhora. O material me foi mostrado num dos postos avançados dos brasileiros — combinações, camisas de seda, sutiãs e outros encantos, alguns azuis e alguns brancos. Muitas das peças trazem a marca de fábricas de Milão e Turim. Mas outras são de Paris.

Tomei nota de um endereço, artisticamente desenhado numa frágil combinação feminina: "Martins — Boulevard Saint Michel". Alguma lingerie já fora usada — a gente nota logo. Mas outra, me parece, era coisa nova. Disse-me o tenente Dulcelino Tavares que a *biancheria* fora encontrada por um pracinha dentro de uma posição nazista, na fralda norte de Castello. O tenente insistiu com o pracinha para que ele guardasse consigo os meigos suvenires. O pracinha, porém, recrutou seu pudor nordestino e respondeu que "uma mulher de vergonha não veste aquilo".

Medalhas nazistas, de tamanho, significado e feitios diversos, são outros objetos que agora andam em todos os bolsos dos pracinhas brasileiros. Insígnias das tropas SS, condecorações, pequenos círculos de ferro com o retrato de Hitler gravado no meio, uma porção delas. Tenho presenciado, nos postos de coletas de cartas, o afã dos pracinhas em mandar lembranças assim para sua gente do Brasil, e isto significa que dentro de alguns dias (vinte ou trinta) senhoritas e cavalheiros nacionais estarão sendo brindados com ornamentos *sloper* dos tedescos defuntos ou em fuga.

Há dois dias que estou aqui no PC do major Uzeda e hoje, depois do almoço, ele me chamou:

— Vamos na igreja ver a gente nova.

A igreja é pequena, está relativamente intacta, apenas despida de imagens e quadros. Sobrou somente um São José (ou São Pedro, não sou forte em liturgia) que, resignado e maleitoso, sacode os olhos para o céu — e o céu está melancolicamente oculto, aqui dentro, por uma abóbada meio suja e rachada.

A "gente nova" é uma coleção de pracinhas, uns cem ou 150, que chegaram à Itália na semana passada, pessoal do último escalão. Eles saltaram em Nápoles, vieram depois para outro porto do norte, dormiram uma noite no nosso depósito e no dia seguinte viajaram para a frente de luta. A maioria é de nortistas, franzinos, de olhar duro, baixinhos. "É desta gente que eu gosto", diz o major Uzeda, que fez um pequeno discurso para a tropa recém-vinda, que pode ser assim resumido:

— Quero primeiro saudar a todos. Estou muito satisfeito com os meus soldados, e creio que vocês serão outros tantos bons pracinhas. A guerra aqui é muito dura. Possivelmente, muitos de vocês terão escutado no Brasil que a coisa aqui na Itália é mais um passeio do que uma tarefa cruel e penosa. Vocês verão com o tempo que isto não é verdade. Outra coisa importante é que aqui, no front, todos nós, oficiais e pracinhas, preferimos falar uns com os outros como de homem para homem. Um pelotão em luta é uma família. Vocês foram escalados para um batalhão ingrato. Estamos guarnecendo um dos piores setores de toda a frente brasileira, e vivemos numa luta contínua. Isto é duro, mas vocês devem se sentir felizes, como eu me sinto, por terem vindo servir num batalhão e num regimento que já têm sua história. Com o passar do tempo, em conversa com companheiros veteranos, vocês irão conhecendo o que já temos feito. O inimigo é muito forte, ardiloso, cheio de armadilhas e traições. A maioria de vocês é do Norte, e aconselho os nortistas a usarem contra os tedescos os ardis que costumam usar, nas suas caçadas, contra os animais difíceis de serem apanhados.

Quando o major estava na metade de sua oração, os alemães voltaram a atirar contra a ravina que cerca o PC. É coisa que eles fizeram pela manhã, que farão mais tarde e à noite. Muitos pracinhas ficaram de olhos arregalados, e vejo quatro ou cinco olharem para cima, para a abóbada muda da igreja. O major esperou que o tiroteio passasse (quase sempre ele não demora mais de dez minutos) e voltou a conversar com os seus homens. Creio que seu discurso terminou mais ou menos desta maneira: "Enfim, vocês estão aqui para lutar contra inimigos de nossa gente, da liberdade, de nossos costumes. Inimigos que já mataram muitos de nós e que continuarão matando antes que a guerra acabe. Eles estão ainda muito fortes, mas nós somos mais fortes do que eles, porque nós temos razão e eles não têm".

Tudo isto foi dito simplesmente, numa conversa de alagoano para gente do Norte, sem demagogia e empáfia. Não sei se foi o ambiente, ou a cara triste de São José (ou São Pedro), ou os tiros lá fora — mas o certo é que achei o pequeno discurso do major Uzeda uma das mais belas e fortes conversas já escutadas em minha vida.

Prisioneiros

À proporção que americanos e brasileiros avançam, nesta sua nova ofensiva, os prisioneiros vão chegando à retaguarda, aos bandos. Não são, agora, dois ou três vencidos e desarmados numa luta sem salvação. São dezenas, centenas de homens que compreenderam que não vale mais a pena lutar — os pelotões que se rendem na frente, quase intactos, chegam às nossas linhas com seus armamentos, suas munições e uma melancólica bandeira branca drapejando sua derrota ao vento dos Apeninos. Aqui estão eles, por exemplo, neste pequeno e improvisado "campo de concentração", a mais ou menos quinze quilômetros do nosso Quartel-General Avançado: Fritz da Baviera, Frans da Silésia, Hans do Palatinado, alemães, polacos, tchecos, russos brancos, uma gente de olhar duro e sem sorriso que me encara fixamente como se olhasse para um lugar vazio.

Em Abetaia, recentemente conquistada pelos brasileiros, passei ontem perto de uma hora observando de perto 38 homens de Hitler. Mais tarde um oficial norte-americano, que serve de intérprete, esteve me dando suas impressões sobre as conversas que escutou dos prisioneiros. "Noventa por cento deles sabem perfeitamente que a guerra está perdida para a Alemanha." E por que lutam? Não existe uma resposta ou explicação razoável para o fato, mas quase sempre os nazistas aprisionados trazem consigo estas considerações que aqui na frente já se tornaram uma cantilena de todos os dias: "Nós lutamos porque temos medo da Gestapo. Se não lutamos e nos rendemos, a '*Gestado*' fuzila nossas famílias".

Mas ainda é possível descobrir, entre os derrotados que nos chegam diariamente, um outro exemplar típico do Exército alemão de ontem: são rapagões compridos e fortes, soldados das SS ou de tropas especializadas, quase sempre recém-transferidos de alguma posição da frente ocidental. Muitos deles já desarmados e aprisionados pelos nossos pracinhas, como aquele rapaz nazista da Pomerânia, vermelho e grosso como um tronco, que o soldado Silvio Imbuzeiro trouxe anteontem da terra de ninguém — e confessa que fora "numa visita até sem más intenções, apenas ver se o pé de figo já estava dando". O oficial de informações do batalhão, como sempre faz, cobriu o nazista de perguntas, mas o caporal respondia seco, os músculos das faces muito contraídos. "Estava lutando porque era alemão", disse, "e porque era nazista."

— A Alemanha não pode ser derrotada. A derrota da Alemanha significaria a bolchevização do mundo, isto é, o caos.

Uma das perguntas feitas às SS falava da situação de Berlim: ele sabia que a capital do Reich estava em vias de ser conquistada? O caporal endureceu ainda mais os olhos — me contam — e respondeu:

— Eu pensei que Berlim já tivesse caído.

Mas este é um caso raro. Mais numerosos e comuns são, hoje, as rendições em grupos. Ainda na última ofensiva brasileira, que, em coordenação com a 10ª Divisão de Montanha norte-americana, está libertando todo o vale do Marano (quando esta correspondência chegar ao Brasil o vale já estará livre e este correspondente com seu "QG" profissional firme em Pietra Colora), vi, através das lunetas do PO do major Ramagem, um flagrante típico das recentes rendições nazistas. Nossos homens avançaram sobre o reduzido grupo de casas semidestruídas, às apalpadelas e vagarosos pela estrada de margens minadas.

Todos nós, aqui atrás, esperávamos que os alemães abrissem um violento fogo de morteiros e metralhadoras. Um capitão chegou a dizer: "Eles estão atraindo os pracinhas. Quando os pracinhas chegarem mais perto, eles atiram". Mas os pracinhas se aproximavam e não acontecia nada. Ou, por outra, só aconteceu uma coisa. De repente, uma bandeirinha branca, uma camisa ou um lenço grande espetado numa vara, apareceu sobre os telhados do casario que ainda não era nosso, e mais tarde um grupo de alemães, uns oito ou dez, surgiu na estrada, as mãos levantadas. Vi-os mais tarde reunidos num setor do front, as mãos cruzadas atrás da cabeça, e entre eles havia estes dois extremos: um soldado idoso de mais de quarenta anos, o rosto rasgado de rugas, e um infante quase imberbe, menino de dezessete ou dezoito anos.

E por falar em prisioneiros, lembro da história que me contou, ontem à noite, o segundo-tenente Fredímio Trotta, do 1º Batalhão do Regimento Sampaio. No dia 3, de madrugada, o tenente estava com seus homens metidos nos *foxholes*, colocados apenas a trezentos metros das linhas nazistas. Mais ou menos às duas horas um dos soldados escutou um ruído de galhos partidos que vinha lá da frente. Pediu licença ao tenente e foi ver o que era. Cinco minutos depois, o tenente chamou outro soldado e foi atrás do primeiro pracinha. O primeiro pracinha já tinha avançado uns duzentos metros quando se deparou com um grupo de quatro alemães, desorientados num campo minado. Quando os alemães viram o pracinha, fizeram um olhar de espanto e julgaram que nosso soldado era apenas o observador avançado de um contingente forte que vinha mais atrás. Dois deles levantaram as mãos, e os outros tentaram fugir. O pracinha atirou nas pernas de um, mas o outro desabou pelo barranco abaixo, escapando. O tenente apareceu com os outros soldados e os três nazistas foram trazidos, intactos, para o PC do batalhão. Com eles vieram alguns suvenires: uma "Lurdinha" novinha em folha, um esplêndido binóculo Zeiss e meio quilo de um pão preto, duro e ruim.

Histórias como esta acontecem diariamente aqui, e os homens que estão metidos nelas, tenentes, sargentos e pracinhas, não as encaram friamente como microscópicos detalhes de uma frente de batalha que, embora relativamente calma, vai do Tirreno ao Adriático. Mas são apenas detalhes, às vezes trágicos e cruéis, mas sempre detalhes — reduzidos acontecimentos que não merecem a graça de uma menção nos boletins ou nos comunicados. Agora mesmo, por exemplo, estou voltando lá da frente. Vi brasileiros e americanos avançarem através de um vale inimigo, dominarem dezenas de pequenas localidades, expulsarem os alemães de algumas de suas montanhas fortificadas. Vi gente morrer, vi gente ferida, vi bombardeio de morteiros e artilharia. Ontem vi a mesma coisa e amanhã, possivelmente, voltarei a ver. E é quase certo, como vem acontecendo todas as noites, que o rádio informe às dez da noite que, depois de tanta luta e barulho, os brasileiros e americanos melhoraram suas linhas ao sudoeste de Bolonha.

“Sim, aqui é Castelnuovo”

Nevou a noite inteira, de maneira que o cume de Monte Castello, conquistado pelos brasileiros, tomou assim como a forma de um imenso bolo de noiva. Deixamos lá o coronel Franklin e seus pracinhas e agora, manhã bem cedo (que frio, meu Deus!), tomamos o rumo da direita, em direção a Castelnuovo, igualmente já em nossas mãos. Mas tomamos o caminho errado e, em vez de Castelnuovo, fomos bater para os lados de Roncore. Encontramos lá a 4ª Companhia do 11º Regimento de Infantaria, sob o comando do primeiro-tenente Rui de Oliveira, carioca da gema.

Seus homens haviam partido na tarde anterior, e, em coordenação com a 3ª Companhia do 6º Regimento, haviam anulado toda possível resistência alemã em cima da montanha. Quando a Companhia do 6º, comandada pelo capitão Aldenor da Silva Maia, chegou a Castelnuovo, os soldados do tenente Rui fincaram pé em Roncore. Claro que não passaram uma noite tranquila: o chão em volta, castigado duramente pelos obuses, os tetos aluídos das casas e as árvores completamente desgalhadas pelas “Lurdinhas” nos contam o que ali aconteceu nas últimas vinte horas.

Como atenuante, muito parca, para tudo aquilo, havia apenas uma bojuda garrafa de vinho chianti, espesso e de um vermelho de sangue velho, encontrada no porão de uma das casas, e que depois de algumas vacilações ("Cuidado, pode estar envenenado. Deve ser truque dos alemães") acabou sendo consumido até a última gota pela totalidade do pelotão, meio gole para cada homem.

Informamos ao tenente Oliveira que queríamos chegar o mais breve possível a Castelnuovo. Ele tirou o capacete, coçou a cabeça e disse:

— Rapaz, para falar a verdade, eu também não sei o caminho. Só sei que deve estar tudo minado por aí. Cheguei aqui ontem à noite e os tedescos ainda não me permitiram reconhecer o terreno. Sei que aquilo lá em cima — apontou para um conjunto de casas dispostas num cocuruto defronte — é Castelnuovo. Mas não sei ainda como se chega até lá. Há um caminho aqui à direita, mas, como disse, deve estar todo minado.

— Algum jipe já passou por eles?

— Que eu saiba, não.

— Mas dá para passar com o jipe?

— Acho que dá.

— Então vamos embora.

Vamos, mas não imediatamente. O reflexo da máquina fotográfica do Thassilo Mitke (misto de correspondente e fotógrafo) parece que despertou a atenção de algum observador alemão, escondido em qualquer crista, e logo os morteiros começaram a explodir perto, furando o chão coberto pela neve e espalhando terra negra por todos os lados.

O tenente me puxou por um braço e mergulhamos os dois no *foxhole* mais próximo. Ficamos lá dentro uns dez ou quinze minutos, gastando o tempo numa conversa vária. O tenente me falou das cartas que recebera na véspera e disse que numa delas veio também a foto mais recente dos seus filhos, dois meninos, Paulo e

Celso. Ambos — dizia a carta — esperam que a guerra acabe logo para que tenham seu pai de volta a casa. Desejo, penso, que é o de todas as crianças, no mundo inteiro, que têm seus pais na guerra.

O dono do *foxhole* onde iríamos nos abrigar era o cabo Luiz Gomes Leite, de Recife. Quando o tiroteio era mais cerrado, ele botou a cabeça pra fora do buraco e perguntou:

— Tem alguém aí?

O tenente respondeu:

— Estou aqui com o correspondente. Vamos pular aí para dentro.

Depois do tiroteio, foi o silêncio — um silêncio transido, expectante. Deixamos o *foxhole*, subimos no jipe que o pracinha Adão logo pôs em movimento, dizendo: "Já vamos tarde". Tomamos o caminho estreito e irregular, aos sacolejos, os ouvidos ainda doendo com as explosões recentes. O caminho sobe pela montanha nua, mas dos lados são campos verdes, com manchas brancas de neve — mais parecem campos de paz. Porém as minas os transformaram em latifúndios da guerra, e basta um passo em falso, fora do caminho, basta o jipe escorregar menos de um metro sobre a grama, e fatalmente se pisará numa mina.

Estas seis casas semidestruídas (da janela de uma delas ainda pende um colchão muito pequeno, que deve ter pertencido a algum menino ou menina) são o povoado de Sopra. Quatro pracinhas da 4ª Companhia nos recebem, todos de barba espessa e olhos machucados. Um deles pergunta para onde vamos.

— Castelnuovo.

— A pé ou de jipe?

— De jipe.

— Pois ali adiante, bem no meio do caminho, tem uma mina. Vocês devem tomar o atalho que nós já fizemos na grama.

A mina é em forma de uma caixa de marmelada e dela sai um arame que se estende entre as duas margens da estrada. É apenas uma linha fina, quase imperceptível (à noite, ninguém poderia enxergá-la), tal e qual um fio de seda, mas é como se fosse um paredão de concreto. O jipe desce, como se desabasse, pelo barranco, sobe mais adiante, fungando como um touro com raiva. Adiante há um vão aberto entre os montes, e enxergamos lá embaixo o estreito e coleante rio Marano, que o sol invernal transformou numa fita de prata incrustada no fundo do vale.

Parece que não iremos chegar tão cedo ao nosso objetivo: à nossa frente, como um gigante que também estivesse caminhando, Castelnuovo dá a impressão de estar cada vez mais distante. O jipe roda numa velocidade mínima, não mais que uns dez ou quinze quilômetros por hora, e muitas vezes, quando esbarramos com um atoleiro ou com uma cratera mais profunda, o volante parece querer fugir das mãos do pracinha Adão. À nossa direita, trevoso e mal-encarado, é o Soprasasso, nos últimos dois meses mil vezes amaldiçoado por todos nós, terrível inimigo até dois dias atrás, mas hoje apenas um camelo amestrado pela nossa Artilharia e dominado pelos nossos infantes.

Olho no relógio — são dez horas da manhã. O jipe vence um resto de caminho e diante de nós, esfarinhadas como que por um terremoto, estão três ou quatro casas — ou o que resta delas, e resta muito pouco. O pracinha Adão leva o jipe para um ângulo morto e diz: "Deve ser aqui".

"Sim, aqui é Castelnuovo", me diz o sargento José Franco, da 3ª Companhia do 6º Regimento. Pergunto pelo Posto de Comando do capitão Aldenor. "É lá em cima. O senhor tem que ir a pé."

São umas vinte casas arrumadas — ou mal-arrumadas — em cima do morro. E tudo aqui ainda lembra a luta recente. Há sangue em muitos dos *foxholes* alemães, os caminhos estão cobertos de estilhaços de toda espécie — vidro, pedra e madeira — e um pouco de fumaça ainda se evola de uma casamata aberta na rocha, e dentro da qual nossos pracinhas jogaram suas granadas de mão. Noutra casamata alemã, bem ao lado do singelo e colorido cemitério do povoado, encontro dezenas de cartas em alemão, umas recebidas e outras que não puderam ser respondidas, porque seus donos morreram ou fugiram. Guardo algumas no largo bolso do *field jacket*, e vou adiante. O pracinha Adão segue atrás, os olhos atentos para os campos dos lados, à procura de uma ou outra mina que possa ser localizada. Como proteção, compridas fitas brancas balizam os caminhos já livres das minas e por onde podemos passar. Do outro lado da montanha, a uns duzentos metros de nós, os pracinhas brasileiros continuam a atirar de fuzil e metralhadora contra teimosos pontos de resistência dos tedescos. Um quilômetro adiante, sobre as cristas para onde recuaram os alemães, os roucos Thunderbolts do 1º Grupo de Caça brasileiro acionam suas metralhadoras e desovam suas bombas.

O Posto de Comando do capitão Aldenor está agora instalado numa antiga casamata alemã, que mais parece um pequeno apartamento. Lá dentro os alemães deixaram quatro camas em forma de beliche, um fogão de ferro fabricado em Turim, um grande espelho pilhado de alguma parede ou armário, cabides e talheres dispostos sem ordem numa rústica mesa de madeira crua. Um pracinha está lavando os copos e pratos que os alemães deixaram; ou que não tiveram tempo de levar. O capitão Aldenor aponta para um grande pedaço de carne ainda nova e sangrenta, alguns quilos de boa vitela que o frio conservou intactos e que não chegaram a ser consumidos.

— Tudo indica que os alemães foram pegos de surpresa. Veja só como eles deixaram isto aqui: comida ainda nos pratos, o fogão aquecido, esta carne toda. Encontramos também, sobre a mesa, uma carta pela metade e uma caneta sobre o papel que não terminou de ser escrita.

A noite da véspera — longas horas insones, os pés gelados, uma tremenda luta corpo a corpo contra o frio, o sono e os morteiros — parece ter envelhecido em cinco anos o capitão Aldenor. Seu rosto redondo de cearense, antes afogueado, está agora coberto por uma barba de dias, e quando ele me conta a história da conquista de Castelnuovo, sua voz parece ter perdido o cantado sotaque nordestino: é agora uma voz mansa, de quem está exausto e pede algumas horas de descanso.

— Às nove da manhã partimos de Volpara com destino ao Soprasasso. Dominamos o morro horas depois, deixamos lá um ponto de resistência que mais tarde seria aniquilado pelo 2º Batalhão do 6º e recebemos ordem de avançar até aqui, Castelnuovo. Foi uma caminhada difícil, sempre castigados pela chuva de morteiros. Logo além de Castello, os tedescos concentraram todas as suas metralhadoras sobre nós. Um ataque frontal seria simplesmente impossível. Então resolvi distribuir meus homens e ataquei Castelnuovo pela retaguarda. Os alemães não esperavam por isso e tiveram que se retrair. Mais tarde um prisioneiro me disse que, horas antes da queda de Castelnuovo, nossa Artilharia já havia desorganizado toda a resistência deles. Encontramos grande quantidade da mais diversa munição. Venha ver.

Algumas metralhadoras "Lurdinhas", granadas de mão, uns trinta caixotes de balas e mais morteiros, bazucas, duas pistolas, facas e punhais. E naquele instante mesmo os nossos pracinhas continuavam a trazer, dos *foxholes* e casamatas (havia umas quarenta defesas individuais e quinze coletivas espalhadas pelas cristas e encostas do morro), mais quantidade de material bélico abandonado. Uma das casamatas maiores dos alemães, incrustada na rocha, foi apelidada pelos pracinhas de "chapelaria", porque nela foram encontrados, novinhos em folha, uns quarenta capacetes de aço. Sucesso maior, porém — maior que o achado dos capacetes, "Lurdinhas" e granadas, tão comuns numa guerra —, quem fez foi a coleção de fotografias que retratavam uma bela e desinibida *fräulein* de Dresden: muito loura, um tanto gordinha, ela passou a dividir seus encantos com todo o pelotão. Quem encontrou o álbum com as fotos foi o soldado Domingos Iuspa, paulistano, que me disse:

— Encontrei essa belezoca no fundo de um *foxhole*, dentro de uma caixa de munição.

E sentenciou:

— Ela não tem cara de esposa. Tem cara de noiva.

O pequeno cemitério de Castelnuovo, que os brasileiros conquistaram anteontem juntamente com o morro e o povoado, tem agora mais um residente fixo. Trata-se de um soldado alemão que os pracinhas encontraram bastante ferido e que morreu enquanto recebia os primeiros-socorros. Nossos homens cavaram uma cova no cemitério, deixaram lá o corpo enrolado numa manta, espetaram uma cruz improvisada em cima. Dependurados na cruz, deixaram os objetos que poderiam mais tarde identificar o alemão morto: a corrente e a chapa metálica com o seu número militar e o seu tipo de sangue.

Eu estava no cemitério quando o alemão foi enterrado. Os nossos soldados seguraram o corpo com muito cuidado, como se fosse o de um companheiro morto. Um dos pracinhas se benzeu quando a última pá de terra negra e úmida fechou a sepultura. Um sargento murmurou uma oração rápida. O capitão Aldenor me disse:

— Era um austríaco. Nós o pegamos dentro de sua trincheira, com uma perna espatifada por um estilhaço de granada. Passou a noite gemendo de dar dó. Pedimos uma ambulância, mas os caminhos ainda não estavam de todo livres das minas, e a ambulância não podia passar. Aplicamos nele uma injeção de morfina, mas ele não aguentou. Tinha perdido muito sangue antes que o encontrássemos. Morreu de madrugada.

Indaguei de alguns pracinhas o porquê de tanto cuidado com o inimigo morto — talvez ele fosse um dos tantos alemães que na véspera matara ou tentara matar um deles. A resposta veio rápida:

— Vamos deixar o pobre em paz. Morreu e acabou-se.

Hoje à tarde, enquanto eu esperava que os "mineiros" livrassem o caminho das minas, vi quando a noite foi chegando aos poucos, lenta, completa, sobre o calado mundo do cemitério. O capitão Aldenor me levou até um ponto descoberto, lá no alto, de onde é possível divisar com o binóculo as novas posições nazistas. Aqui ao lado, está o cruel Soprasasso, já domado, mais longe é Monte Castello, também já nosso, e também o Monte Belvedere, que já não nos mete medo. Mas lá na frente, no vale do Panaro, espalham-se caminhos, montanhas e vales que ainda são deles. O capitão acende um cigarro, eu mastigo um pedaço de chocolate — e ali ficamos até que a noite venha por completo. O capitão tinha os seus pensamentos, eu tinha os meus. Os pracinhas se espalham lá embaixo. Alguns cavam buracos no chão, outros se estenderam sobre os montes de feno, protegidos por detrás de paredes e restos de muros. E há outros, em posições mais avançadas, que varejam as distâncias inimigas com compridos binóculos que tudo descobrem. Mais embaixo, ocultos sob suas camuflagens de camaleão, uns dez ou quinze soldados têm o dedo no gatilho de suas metralhadoras e fuzis, à espreita de um possível contra-ataque alemão. As horas passam, amanhã será outro dia. Mas que dia? Na verdade, não existe calendário na frente avançada de uma guerra. E quando o capitão me pergunta se hoje é terça ou quarta-feira, eu não sei responder. Sei apenas que estamos avançando, que agora pisamos chão que ontem não era nosso; e que amanhã certamente estaremos alguns quilômetros ou até mesmo apenas alguns metros mais à frente. O que ficou para trás já não existe. É coisa fora do tempo.

A morte do *partigiano*

Não posso dizer que tenha passado uma noite tranquila, de sono farto. Eram mais de duas horas da madrugada quando os alemães nos deixaram em paz. Nos intervalos do tiroteio, fumávamos, jogávamos e tomávamos café. O major atendia os telefonemas. O capitão, estirado na cama, tentava cochilar, mas cada tiro mais próximo o sacudia todo, como se alguém tivesse jogado uma ducha fria sobre seu rosto. Quando tudo serenou, o major abriu a pequena janela lateral e olhou lá para fora: a mesma noite branca e fria, os milhões de estrelas, os plátanos e ciprestes achatados de encontro ao céu azul. Cinquenta ou cem metros à direita, um rolo de fumaça saía de um pedaço de parede destruída. O major chamou o sargento e disse: "Mande apagar aquilo". Foi sua última ordem naquele dia. Pediu licença, jogou longe as botas e se estendeu sobre seu estrado forrado de mantas. Minutos depois dormia pesado, como qualquer tranquilo funcionário público do Grajaú.

Olho no relógio de pulso: são três horas. Puxo as cinco mantas até o pescoço, dou um sopro na vela e adormeço também. Mas antes das seis o tenente Silvio Silveira me botou para fora do sono e das mantas, dizendo:

— Vamos cedinho para a gente chegar depressa.

O pracinha Wilson e o *partigiano* Luigi (seu nome de guerra é Mix) também vão conosco. A camisa de Luigi, verde como um juazeiro, é um excelente alvo, e o tenente Silvio recomenda-lhe que jogue qualquer coisa, uma suéter ou uma blusa de fardamento brasileiro, sobre ela. Os olhos do pracinha Wilson estão pisados de sono, e de vez em quando ele escancara a boca para o frio vento da manhã. Quando o tenente Silvio me pergunta se tenho prática de alpinismo, respondo que, quando tinha quinze ou dezesseis anos, gostava, aos domingos, de subir o morro do Urubu, em Aracaju. Ele me responde que "também gostava de fazer piquenique lá", mas a íngreme e altíssima montanha que temos defronte de nós não lembra em nada a pacífica colina aracajuana — é uma parede escalavrada e sem fim de 1300 metros de altura, e que segue até lá em cima, onde estão os pracinhas brasileiros.

O bondinho elétrico — o mesmo que serviu aos homens da 10ª Divisão de Montanha norte-americana que daqui expulsaram os nazistas — nos deixa no meio do caminho. Uma viagem aérea de 35 minutos, sobre vales escuros, cascatas limpas e riachinhos murmurantes. Fico tonto quando olho para baixo, e a solução é perder os olhos no céu azul ou acompanhar com eles qualquer nuvem branca que passa vagarosa e vai se estender, além, sobre as linhas nazistas. Às vezes o tenente Silvio, que vai na frente, vira-se para me dizer qualquer coisa, e sinto um calafrio quando vejo o bondinho — apenas uma espécie de padiola metálica, descoberta e inquieta, onde só cabem dois homens — iniciar uma dança desassossegada sobre o abismo que parece nos chamar. Quinze minutos depois alcançamos a primeira crista, mas a segunda etapa da viagem é mais demorada e atordoante, vinte minutos de carreira quase vertical até o segundo cume. Chego com o coração aos pulos, confesso, mas o tenente Silvio me diz que já está acostumado. Respondo que há certas coisas na vida com as quais jamais me acostumarei, e creio que este bondinho é uma delas. De qualquer maneira, quando o sargento americano, que maneja o mecanismo do pequeno *tramway*, me pergunta se tudo está OK, respondo: "OK!". Mentes, coração!

Agora o bondinho tem que descer novamente para apanhar o *partigiano* Luigi e o pracinha Wilson. Mas não volta só: viemos encontrar aqui em cima, embrulhado em mantas de onde escorre um sangue velho, o corpo de um *partisan* que foi morto, ontem à noite, por uma granada alemã. Seus companheiros deitam cuidadosamente o corpo na grama, e um deles se ajoelha. Reza qualquer coisa em voz alta, e um outro acompanha. Todos estão com seus gorros na mão. Um deles — se chama Pietro, é de Pádua, e o lenço vermelho enrolado no pescoço me diz se tratar de um comunista — me conta que o morto era um *buono ragazzo*, corajoso e sempre alegre. Chamava-se Lorenzo. Seus pais estão em Módena, a poucos quilômetros daqui, e o seu irmão mais velho, de 29 anos de idade, também é *partigiano*, para os lados de Verona. A granada rebentou sobre sua cabeça, e quando levanto a manta para procurar o rosto, encontro somente uma massa disforme e sangrenta e algum pouco cabelo louro. O tenente Silvio me explica:

— Ontem à noite os tedescos bombardearam também lá em cima. Mataram este *partigiano*, feriram um outro e mais dois pracinhas nossos.

Quando o *partigiano* baixo e sério termina sua oração, os seis rapazes acomodam o corpo do amigo morto no bondinho. Um deles irá também, a cabeça sangrenta do companheiro acomodada sobre seus joelhos. Invariável, o sargento americano pergunta: "OK?". O *partigiano* responde: *Va bene. Andiamo*. E lá segue o corpo de Lorenzo, apagado para sempre, balançando sobre os abismos de sua terra. Seus companheiros ainda ficam aqui em cima alguns minutos, os olhos fixos no bondinho que se afasta. Chego a ver o comunista Pietro passar, rápido, a manga do paletó sobre os olhos, mas é só. Fileira de um, afastados como numa patrulha, os cinco *partigiani* voltam a subir pelo tortuoso caminho que leva às cristas.

A primavera

O sol fez milagres — onde era, ali, o úmido branco da neve, é agora o branco alegre das cerejeiras. As flores começaram a brotar destes chãos, de cores vivas como anilina, milhares delas. Há crótalos, lírios, plátanos que trocaram o verde-escuro de ontem por uma coloração de alface, e milhares de outros pontinhos vermelhos, brancos ou azuis, que nascem e se multiplicam, humildes e desconhecidos pelos campos sem fim. No alto do Soprasasso, que os brasileiros conquistaram há dias, um galho de cerejeiras começou a despencar suas pétalas alvas sobre o *foxhole* do pracinha.

Os cumes dos montes se livraram inteiramente da caspa de gelo, todos os rios, torrentes e riachos — e eles são milhões aqui — voltaram a correr, e suas águas estão tão azuis quanto o céu. O pracinha Ribeiro voltou ontem de uma patrulha com sua Thompson enfeitada de madressilvas. O cabo Gomes recebeu pelo último correio a fotografia alegre de uma amiga — e agora o sorriso da namorada, equilibrado numa das paredes da trincheira, se confunde com o riso aberto dos bogaris. Pergunto ao tenente Edgar Facó, aqui em cima, qual a linha mais próxima dos nazistas, e ele me responde, apontando lá para a frente:

— Ali, atrás daqueles ramos floridos.

O tenente Pinheiro me levou até seu observatório avançado, e me deu um binóculo potente e com ele fiquei, durante longos minutos, percorrendo a terra de ninguém. Vi uma ambulância nazista passar, rapidamente, pela estrada vermelha que corta, reta, os campos verdes. E vejo flores. Um silêncio de morte, o deserto se estendendo até as próximas fraldas, mas as flores rebentam aos turbilhões. Ali à direita, naquele pequeno bosque de plátanos, onde nossas patrulhas, nesta última semana, se têm chocado com os alemães, é possível que os crótalos e as cerejas estejam florindo sobre os cadáveres tedescos e brasileiros — que o chão de ninguém não permitiu ainda o enterro. Eu estava em cima do morro — levei três horas e vinte minutos para galgar, a pé, estas alturas de 1200 metros, íngremes como um barranco — quando um pracinha brasileiro chegou ferido. Ele havia saído numa patrulha e uma granada explodira a poucos metros. Os estilhaços se espalharam pelas suas pernas. Um deles, maior, se cravou à esquerda da vista direita. Os primeiros curativos tiveram que ser feitos ali mesmo, sobre a grama, atrás de uma depressão que nos protege dos alemães. Vejo o cabo Camões, do Pelotão de Saúde, limpar o sangue grosso, espalhar a sulfa sobre os ferimentos e enrolar as pernas estraçalhadas do pracinha em gazes alvas e leves. O pracinha fecha os olhos, quando a dor é maior, e seus dedos apertam com força uma florzinha de pétalas amarelas.

Quando os alemães começaram a nos sacudir seus morteiros, na tarde do dia 14, tivemos que nos meter nos *foxholes* durante mais de meia hora. As bombas estouram perto, cada tiro é um estremecimento no coração, e a cada estampido o terceiro-sargento Áureo de Almeida Chaves, de Niterói, repete o seu receio:

— Só quero ver se os infelizes vão desmanchar o meu jardim.

É que a primavera fez crescer um canteiro florido próximo à sua trincheira. Quando terminou o bombardeio, tudo estava revolvido: a terra negra, espalhada pelas bombas, havia afogado as pétalas e as flores. Mas pouco importa, que também constantes e diários, como as granadas e os morteiros, são os milagres da primavera: amanhã ou depois o sargento terá novamente o seu jardim.

E há também os vários casais de civis que já se espalharam por esta frente. Encontramo-los nas estradas, nos campos cheios de perigos, nas ribanceiras, nas margens dos riachos, debaixo de qualquer árvore farta, de mãos dadas e aos beijos. As moças são coradas e fortes, os rapazes enrolam o pescoço em echarpes violentamente coloridas. A bateria inglesa, de cano comprido e potente, está trabalhando perto, mas os namorados não a sentem.

Eles não sentem o perigo próximo, não escutam a música da guerra, sentam-se descuidados sobre caminhões e tanques destruídos, as cabeças descobertas e os corpos desprotegidos como se estes vergéis da guerra fossem qualquer jardim de Florença. Ontem, num dos setores mais difíceis de nossa frente, o sargento Vitória conteve um casal de namorados que seguia, tranquilamente, pelas estreitas veredas que os alemães haviam abandonado há pouco. O sargento apontou para o campo defronte, espetado de bandeirinhas brancas:

— Tudo aquilo ali são minas. Se o senhor e a senhorita pisarem numa daquelas minas, morrerão instantaneamente. Acho bom voltarem.

Os dois nos olharam espantados, como se fossem intrusos, e voltaram enlaçados, como criaturas de outro mundo. Um soldado da 10ª Divisão de Montanha norte-americana encontrou no Monte della Torraccia um diário de um oficial alemão. No dia 13 de fevereiro, segundo leio numa tradução, o tenente nazista escreveu: "Meus nervos estão mais calmos. Recebi carta de Gertrud. O tempo está bem melhor, e há flores nos montes. Os aviões americanos estão passando aos bandos. Creio que já é a primavera".

Mostro ao major Gross jornais recentes do Brasil, jornais livres, repletos das alegres novidades que transformaram nosso país. Ele lê tudo com olhos cintilantes, e me diz:

— Também eles, lá, estão tendo sua primavera.

Os gelos do inverno foram embora, derreteu-se a lama fascista, as verdades, como flores, estão nascendo novamente das raízes que pareciam definitivamente apodrecidas. Estão nascendo mais fortes, mais vivas, mais belas. Creio que o sr. Getúlio Vargas terá um diário, e creio que, como uma aflita e desesperada anotação diária, ele já terá escrito uma coisa assim numa das páginas mais recentes: "O tempo mudou muito. Escuto vozes que pareciam mortas. Leio palavras que o sr. Marcondes me garantia não mais existirem. Dizem que há perfume no ar". É a primavera que brinca aqui dentro da guerra, saltando alegre por campos minados e valas de cadáveres. A mesma primavera que tomou de assalto, como uma multidão de crianças, o sólido verão brasileiro. A mesma primavera que fez do senhor um homem intranquilo e triste, e que transformou este correspondente num trovador empoeirado e sujo, cansado e maldormido, mas de voz liberta.

O Hospital 16

O major-médico Duarte Nunes me aponta o pracinha estirado na mesa de operações:

— Foi uma mina. Os estilhaços penetraram profundamente no ventre, e um outro quase arranca a mão direita do rapaz.

Estamos na "sala" de operações cirúrgicas do Hospital 16, a poucos quilômetros da frente brasileira. É uma sucessão de dezenas e dezenas de barracas, grandes e pequenas. Aqui dentro há capacidade para mais de mil leitos, há médicos, enfermeiras e doentes brasileiros e norte-americanos. Até bem pouco tempo, para um correspondente brasileiro, um hospital era um mundo proibido. Não que a nós faltassem informações precisas sobre feridos, acidentados e doentes. É que tudo isto, quando daqui saía nas reportagens e crônicas, esbarrava no Brasil com a estúpida orientação do finado DIP, para quem o soldado brasileiro deveria ser sempre excepcional, à prova dos desastres da guerra. Esta tabela, por exemplo, que tenho agora diante de mim, tão explícita, há dois meses não poderia, de maneira alguma, ser levada até o Brasil. Ela me diz que no mês de janeiro, 40 feridos, 64 acidentados e 450 doentes brasileiros passaram por este hospital.

No mês de fevereiro, "o mês de 'Castello'", o número cresceu: 381 feridos e 828 acidentados. E até o dia 20 deste mês de março transitaram por aqui 132 feridos, 35 acidentados e 897 doentes, entre oficiais e soldados da Força Expedicionária Brasileira.

Escrevo 132 feridos, mas o major pede que corrija: são 133, porque falta acrescentar à lista aquele pracinha que está sendo operado agora.

A enfermeira Carmita Corrêa me esconde o rosto atrás de uma máscara de pano, branca e esterilizada, e me deixa num ângulo da sala, de cujo teto despenca, como um sol, uma forte luz fluorescente.

Vejo o bisturi rasgar o baixo-ventre do pracinha, vejo seu sangue vermelho e grosso empapar as mechas de algodão, vejo sua carne rubra se abrir numa ferida profunda. A mão direita, estraçalhada pelos estilhaços, foi entregue a outro cirurgião brasileiro, um rapaz pálido e de óculos.

Este Hospital 16 já tem uma longa história: ele veio da África, esteve acampado no deserto, mudou-se depois para a Sicília, passou uns tempos em Nápoles. Foi em Nápoles que o vieram encontrar as primeiras enfermeiras brasileiras chegadas à Itália, cinquenta moças, mais ou menos, que hoje estão espalhadas por diversos setores da frente de batalha.

Nesta tarde, segundo dia da primavera, sou apresentado a todas que neste momento se encontram no 16, servindo aos soldados brasileiros. São precisamente quinze, e todas elas têm o posto de segundo-tenente. Estas moças levam aqui uma vida terrivelmente cansativa: nove enfermarias do 16, cada uma com capacidade para 36 doentes, estão aos seus cuidados. De outubro à presente data, 2025 doentes brasileiros já passaram pelas suas mãos. Como para os pracinhas dos setores avançados, o descanso aqui era raro.

As quinze moças se distribuem, por isso, em duas turmas: uma que trabalha durante todo o dia, das sete da manhã às sete da noite; outra, que não dorme, das sete da noite às sete da manhã. As que ficam de vigília deixam seus postos e seguem diretamente para o *breakfast*. Depois, lá para as nove horas da manhã, se mantêm nas suas pequenas barracas — algumas são simples, meigas e bem cuidadas como um berço — e tentam dormir pelo menos quatro horas do dia. Mas é um sono irregular, pois que em cada barraca mora uma média de três enfermeiras, e quase sempre nem todas pertencem à mesma turma. Às vezes acontece que o sono é muito, e a enfermeira, exausta, cochila ou adormece no seu posto — mas é uma trégua efêmera, despertada de minuto a minuto por um gemido de doente ou um toque de campainha.

Quando há *push* lá na frente — *push* é como elas, brasileiras e americanas, denominam as ofensivas —, o trabalho triplica ou se multiplica indefinidamente. Então não há mesmo tempo para cochilos ou sonos rápidos. Os feridos entram numa corrente contínua, as moças correm de um canto para outro, os penteados se desmancham e caem sobre os ombros, as olheiras rodeiam seus olhos e os lábios ficam esbranquiçados pela ausência do batom. Já as vi assim nos dias e noites de frente agitada, pequenos dínamos sem descanso, espalhadas pelas enfermarias, metidas nas ambulâncias e nos postos de coleta, dissolvidas no penoso trabalho das salas cirúrgicas. Uma vida dura.

Em Pisa, como os soldados, estas moças tiveram seus acampamentos armados na beira do Arno. E quando o Arno cresceu muito e transbordou, também elas, como os soldados, viram suas barracas inundadas e destruídos seus pertences e bagagens. Nas suas pequenas barracas, agora inundadas de todas as flores da primavera — uns trazem lírios, outros begônias, trago apenas madressilvas —, elas atravessaram o terrível inverno, e o primeiro mês de neve as encontrou encolhidas nos seus leitos, sem estufa e enroladas em cobertores que não ajudavam muito. Lembro-me daquela noite, em dezembro, em que as vim encontrar aqui mesmo nesta barraca, quatro delas, silenciosas e tristes nos seus cantos, enroladas até o pescoço — e a neve caía lá fora, dorida e implacável, como uma tempestade branca que não fosse acabar mais.

E também como os soldados brasileiros, as moças enfermeiras tiveram, aqui na guerra, que improvisar. Elas receberam no Brasil um curso de enfermagem de apenas seis semanas. Encheram-se de teorias e métodos que, na prática, se revelaram inúteis e ineficientes. Chegaram cheias de lições brasileiras que não puderam ser aproveitadas pela técnica americana. Foi preciso, então, aprender tudo de novo: desde a identificação com os novos medicamentos até o modo mais rápido de dar uma injeção. "A guerra foi a nossa verdadeira escola", me dizem elas. A guerra as foi receber em Nápoles, e as trouxe, num caminho cujo descanso pode ainda estar distante. Amanhã, sem dúvida, elas estarão mais distantes, como a vanguarda dos Exércitos.

Eram tristes e frias suas barracas no inverno, mas agora são claras e mornas como pequenos lares suburbanos. Quando uma delas tem umas pequenas férias, e vai a Florença ou Roma, traz de lá coisas que aos poucos vão dando aos acampamentos errantes a aparência enganosa de um lar fixo: bibelôs, cortinas brancas — "Não servem para nada, mas são tão bonitinhas...", como diz a enfermeira Berta, toalhas bordadas, uma infinidade de pequenas e graciosas coisas que elas esmiuçam nas vitrines das cidades grandes. A barraca das enfermeiras Carmita e Berta, por exemplo, já possui até um divã vermelho e macio arrancado de um belchior. Há também um rádio que, de madrugada, traz até aqui notícias e cantos do Brasil.

Ontem, quando estive no 16, havia 146 brasileiros baixados. O trabalho era extenuante. A sessão de cinema, às duas horas da tarde, não pôde ser assistida porque os doentes não deixaram. Onze operações, duas delas muito delicadas. E do *field* mais próximo do front acabavam de telefonar comunicando a remessa de mais cinco feridos. A enfermeira Berta, que havia marcado uma "visitinha" a Florença, na manhã seguinte, teve que adiar o passeio para "um dia D qualquer".

Uma vida, enfim, como qualquer outra vida da guerra: sem poesia, sem romance, árdua, exigente, desconfortável, incerta. Mas as moças nunca se queixam. Ou por outra, queixaram-se uma vez, precisamente a este correspondente, a respeito de uma mensagem que veio aí do Brasil, assinada pelas senhoras da Legião Brasileira de Assistência e endereçada aos soldados brasileiros. As senhoras da Legião saudavam os "bravos expedicionários" e lamentavam não estarem eles sendo assistidos de perto pela "mulher brasileira", que, contudo, os acompanhava "em espírito". As enfermeiras me disseram:

— Nós aqui dando um "murro" medonho, trabalhando dia e noite, e aquelas senhoras a dizerem que a mulher brasileira está aqui só em espírito. É uma injustiça que nos fazem. Estamos aqui cara a cara com as coisas tristes da guerra, as senhoras deviam saber disto. E esta história de "espírito sempre presente" resolve muito pouco ou quase nada. O que resolve é o que nós estamos fazendo: muito trabalho, muita abnegação, muita paciência. E penicilina.

Talvez não tivessem sido exatamente as palavras que escutei das moças, mas foi isto o que quiseram dizer-me. E creio — nem se discute — que elas têm razão, pois que não existe coisa que mais irrite uma pessoa no front do que a distante e cômoda demagogia de salão.

O tempo retrocede

Estava em Lizzano quando a grande explosão encheu os vales e as montanhas. Talvez fosse um bombardeio aéreo, mas isto seria também um acontecimento inédito nesta frente. Ou o explodir de qualquer depósito de munição. Subimos até uma colina próxima, e vimos lá embaixo, além de Castello, uma nuvem grossa e negra de fumaça encobrindo uma ponte Bailey. O jipe me deixou, quarenta minutos depois, no local do acidente. Creio que nunca mais em minha vida esquecerei o que vi.

Restos de um caminhão Dodge jaziam lá embaixo, e pedaços de sua carroceria grimparam e se espalharam pelas encostas dos morros vizinhos. No meio da estrada, a viatura parou diante de uma massa negra e sangrenta: um pouco de carne estraçalhada, um braço ou uma perna, que a força do projétil jogara ali. Adiante, deitado na borda da estrada, diante dos padioleiros que lhe ministravam os primeiros cuidados, um "MP"* se torcia de dores, com a mão esquerda decepada. Outro pracinha da Polícia, o sol-

* Military Police, um soldado da Polícia do Exército. (N. E.)

dado Santos, chegou perto de mim esfregando os olhos com as mãos. Tinha um rosto meio atônito, com se tivesse levado um golpe pesado na cabeça. Disse numa voz sumida:

— Morreram três.

Desço até o fundo do vale, onde estão os restos do Dodge pulverizado — ferros retorcidos e pneumáticos carbonizados. O grosso do motor deve ter subido, como um aríete, até a crista defronte. Uma poça de sangue, de mistura com vísceras empretecidas, encobre quase que totalmente uma das minas antitanques que não explodira. Descubro ainda restos dos uniformes dos pracinhas mortos, e de um deles pende, pequena, uma medalha de alumínio com a efígie de Santa Teresinha.

Quando volto lá de baixo, o "MP" Santos já estava senhor de si. Um dos homens da saúde lhe dera qualquer coisa para passar nos olhos, mas um dos ouvidos, o esquerdo, estava ainda completamente surdo. Foi o pracinha Orestes que me contou o que acontecera:

— Nunca vi uma coisa tão horrorosa em minha vida. Um grupo de soldados de uma Companhia Anticarro foi incumbido de limpar certo trecho de terreno, três quilômetros além de Monte Castello, que os alemães haviam deixado forrado de minas. Iniciaram o trabalho às nove da manhã, e antes do meio-dia já havia acumuladas no fundo do Dodge perto de trinta minas. Uma coleção variada: minas pequenas e grandes, desde os ligeiros *booby traps* até as pesadas e potentíssimas antitanques. Uma delas, das maiores, foi encontrada no leito do riachinho que corre sob a ponte de madeira, camuflada debaixo de uma leve camada de pedrinhas redondas.

Ao meio-dia, o primeiro-tenente comandante do grupo (ele foi o único que escapou, com alguns ferimentos leves) deu ordem para que as últimas duas minas recolhidas fossem arrumadas no caminhão. Os pracinhas entraram na viatura, e um deles, do lado de fora, perguntou se podia fechar a pesada porta traseira. "Pode." O pracinha Orestes viu o gesto do soldado da Anticarro empurrando a porta com força, e depois foi a explosão.

— Vi uma fogueira crescer na minha frente, mas depois a fumaceira encobriu tudo.

É que a porta do Dodge deslocara uma das minas antitanque e a fizera cair sobre outra. Cada uma daquelas minas — tão bonitas e redondas, com sua janelinha envidraçada no centro — tinha força bastante para mandar pelos ares um tanque de 32 toneladas. E quatro delas, além de várias outras menores, haviam rebentado contra a razoavelmente frágil carroceria da viatura. A explosão cavou uma cratera de bomba aérea no meio da grama arroxeada pelas violetas e encheu a estrada, vinte metros acima, de pedras e estilhaços. Foi um destes estilhaços que acertou na mão do "MP", no seu posto de vigilância, arrancando-lhe a mão esquerda e se incrustando, depois, no baixo-ventre. E um dos corpos dos pracinhas mortos até agora ainda não foi encontrado.

O "MP" Orestes dos Santos não sabe explicar como pôde escapar daquele desastre todo. De uma coisa ele sabe, e é uma certeza que repetia dez ou vinte vezes durante os minutos em que conversou comigo:

— Nasci de novo.

Hoje pela manhã, menos de 24 horas após a tragédia, passei novamente por Malandrone a caminho de Pietra Colora. E lá estava, ao lado dos destroços e na rampa das montanhas, uma nova turma de pracinhas empenhada no mesmo trabalho que ontem matou cinco companheiros seus: os detentores auscultando o chão, as mãos cuidadosas desaparafusando a espoleta das minas, e as cruéis armadilhas redondas se acumulando no fundo de um Dodge novo. É como se o tempo houvesse retrocedido um dia, e eu estivesse ali a olhar a tarefa de alguns homens que seriam assassinados minutos depois.

A morte do sargento

Vi perfeitamente quando a rajada da metralhadora alemã rasgou o peito do sargento Max Wolf Júnior. Instintivamente, ele juntou as mãos sobre o ventre e caiu de bruços. Não se mexeu mais. O tenente Otávio Costa, que estava ao meu lado, no Posto de Observação, apertou os dentes com força, mas não disse uma palavra. Quando lhe perguntei se o homem que havia tombado era o sargento Wolf, ele balançou afirmativamente a cabeça.

Menos de uma hora antes eu estivera conversando com o sargento. Creio que foi a mim que ele fez suas últimas confidências. Falou-me de sua filha, uma menina de dez anos de idade, que deixara em Curitiba. Disse-me que era viúvo (na verdade, era desquitado) e me disse que sua promoção a segundo-tenente, por ato de bravura, estava prestes a chegar. E como eu estivesse recolhendo mensagens entre os homens do seu Pelotão de Choque, já alinhados para a patrulha de minutos depois, o sargento Wolf pediu-me que também enviasse a sua. Estão comigo as poucas linhas que sua letra fina e desenhada escreveu no meu caderno de notas:

"Aos parentes e amigos: estou bem. À minha querida filhinha: papai vai bem e voltará breve". Não voltaria.

Como tenho ainda nos ouvidos, muito vivas, as últimas palavras que dele escutei. Um dos soldados do pelotão lhe pedira uma faca e, sorrindo, ele respondeu, no seu italiano peculiar:

— *Voi non bisogna* faca. Tedesco não é frango.

O sargento saiu com seus homens pelas sebes e ravinas do lado direito em que nos encontrávamos. Seguimo-los quando eles se dirigiam para as colinas ao norte, até o ponto que a patrulha devia atingir, no sopé de uma delas. Vimos quando ele e seus homens apontaram na terra de ninguém e continuaram a seguir, cautelosos, pelo estreito caminho aberto no verde tenro. O sargento Max Wolf havia transformado os pentes de sua munição numa espécie de colar do qual o sol arrancava cintilações. Levava (por quê?) o capacete de aço debaixo do braço e a pequena metralhadora Thompson apontada para a frente. Nossa Artilharia, à esquerda, cessara de atirar, para que a patrulha não fosse atingida, e agora reinava um silêncio total. O tenente Otávio Costa me disse:

— Não é possível que os alemães estejam ali.

O primeiro objetivo da patrulha eram as três casas, a menos de um quilômetro de nós, que os comandados do sargento Wolf deveriam atingir às duas da tarde. Atingiram. O grupo cercou as três casas de camponeses, todas já duramente atingidas pela Artilharia dos dois lados, e vimos, com a ajuda dos binóculos, quando o sargento abriu com o pé a porta de uma delas. Vimos também quando ele entrou na casa e fez um sinal para seus homens — e novamente as duas fileiras espaçadas voltaram a caminhar pelos campos intensamente verdes. Fazia um sol muito claro e alguma coisa — uma vidraça partida ou um resto de munição — cintilava forte nas ruínas de Montese, uns quinze quilômetros adiante.

Às duas e meia da tarde a patrulha já estava a menos de cem metros do último objetivo a ser alcançado — um novo grupo de casas alinhadas sobre uma lombada macia. O sargento Max Wolf deu mais alguns passos; e então uma gargalhada curta e nervosa estilhaçou o silêncio do vale. O sargento Max Wolf Júnior caiu de bruços sobre a grama.

Rápidos, os outros soldados se agacharam e os alemães começaram a atirar, bloqueando a ação dos nossos homens com uma chuva de granadas de mão e rajadas de metralhadoras. Depois iluminaram o ar com foguetes coloridos, pedindo fogo de suas baterias, e minutos depois os projéteis da Artilharia alemã passavam assoviando sobre nós e iam explodir mais adiante, às vezes muito além do ponto alcançado pela patrulha comandada pelo sargento Wolf. O tenente Otávio Costa, pelo telefone de campanha, indicou posições inimigas aos nossos morteiros, na retaguarda, e durante mais de uma hora estabeleceu-se dos dois lados o duelo contínuo, um duelo de fogo. Nossos morteiros explodiam dois quilômetros adiante do ponto em que estávamos e onde possivelmente estariam localizadas as baterias alemãs; e, por sua vez, os obuses alemães rebentavam perto, no chão onde os homens do pelotão continuavam agachados ou então nas fraldas do morro onde tínhamos nosso Posto de Observação. Vez em quando uma rajada de metralhadora cortava o ar, como um vento mau, e ia desgalhar as árvores próximas. Foi um desses "leques" que passou quase raspando sobre nossas cabeças (a do tenente Otávio, a do correspondente Mitke e a minha), obrigando-nos a nos abrigar no primeiro buraco que encontramos. Lá ficamos uma boa meia hora. Erguíamos a cabeça de vez em quando, até o parapeito da trincheira improvisada, mas os morteiros só nos davam folga de segundos: escutávamos seu assovio na distância ou sobre nós, e voltávamos, rapidíssimos, a nos espremer no buraco antes mesmo que as explosões fizessem estremecer o chão.

Quando a noite chegou, conseguimos, rastejando, deixar as posições batidas pelo fogo e alcançar as trincheiras da retaguarda.

E já passava das sete da noite quando chegamos ao Posto de Comando do batalhão. Pouco depois também lá chegavam os homens do pelotão do sargento Max Wolf Júnior. Mas ele ficara lá. E ali ficaria mais três dias, até que, com a tomada de Montese e a liberação da terra de ninguém, os padioleiros conseguiram resgatar o seu corpo.

Muitos dos homens que voltavam tinham os olhos rasos de lágrimas. Um deles era o segundo-sargento Nilton José Facion, de São João del-Rei, que me contou esta história:

— Eu estava a uns trinta metros de Wolf quando ele foi atingido. O soldado Alfredo Esteves da Silva, que ia na frente, virou-se para mim e disse: "Parece que Wolf está morto. Vou puxar o corpo dele para cá". Respondi que iria atrás dele, para ajudar. Mas uma rajada matou também o pracinha Esteves antes que ele pudesse fazer qualquer coisa. Chegou a minha vez e consegui arrastar o corpo do sargento por uns trinta metros. Depois recomeçou a chuva de morteiros e não pude fazer mais nada.

O sargento Alfeu de Paula Oliveira (ele também enxugava os olhos úmidos com a manga da camisa) me levou depois ao estreito quartinho onde Wolf tinha suas coisas: ali estava a condecoração que o general Truscott, comandante do 5º Exército norte-americano, colocara dias antes em seu peito. Ali estava, já devidamente emoldurada, a citação elogiosa do general Mascarenhas. E, num ponto mais destacado, o retrato de sua filha, uma menina de olhos vivos e brilhantes, a cara do pai. Tudo aquilo doía fundo.

"Este foi um dia triste para o nosso batalhão", me disse, mais tarde, o major Manuel Rodrigues Carvalho Lisboa. "Perdemos um bravo."

A morte de Montese

Estive aqui em Montese pela primeira vez três dias atrás, quando esta pequena cidade — singela como um presépio — ainda era para os pracinhas brasileiros uma conquista incerta. Os soldados do 11º Regimento de Infantaria já tinham se apoderado de mais da metade da cidade e dominado os últimos pontos de resistência dos alemães. Mas os nazistas, espalhados pelos montes em derredor, jogavam sobre a cidade, minuto após minuto, uma chuva interminável de morteiros. Nosso jipe — meu, de Egydio Squeff e de Thassilo Mitke — teve que correr como um foguete pela estrada quase impraticável, e assim mesmo tendo o cuidado de não sair um centímetro sequer fora da margem, toda ela minada. Até agora não sei como o motorista Adão — um fero cabo de São Borja — soube cumprir a dupla e ingrata tarefa de andar a cinquenta milhas por aquele caminho amaldiçoado.

Encontramos em Montese apenas vestígios — ou melhor, resíduos — de uma cidade que em tempos de paz deveria ter sido um belo, um *carino* lugarzinho equilibrado numa crista suave, com a sua torre medieval, esguia como um pinheiro, o vale estendendo-

-se lá embaixo, suas coloridas bancas de jornal e seus monumentos antigos. Brasileiros e alemães, no contraponto da luta ofensiva e defensiva, reduziram Montese a ruínas. Durante horas, os homens do 11º Regimento lutaram de casa em casa, até que os últimos cinco alemães foram mortos diante da igreja, velha de séculos.

Há quatro dias que Montese já está definitivamente em mãos dos brasileiros, mas ainda é um lugar sem sossego. Suas ruas estão desertas. Ontem à noite o que restava da torre veio abaixo — vítima de um morteiro alemão. O Posto de Socorro Avançado brasileiro, onde há três dias estivemos em visita aos pracinhas feridos, foi hoje pela manhã atingido por uma granada incendiária — e ainda agora arde como uma imensa fogueira que ninguém se preocupa em apagar.

Nestes últimos três dias as coisas não mudaram muito em Montese. Os alemães continuam em suas casamatas, fincadas nas grimpas a menos de um quilômetro da cidade, e ainda não podemos andar a descoberto ou atravessar sem cuidado as ruas entulhadas de destroços. Muitas destas ruas, na parte sul da cidade, a que escorrega até o vale do Panaro, bem lá embaixo, continuam bloqueadas, com suas casas desmoronadas e seus quarteirões minados. Se, por exemplo, quisermos passar aqui de onde estamos, do lado direito da Via Augusto Righi, para o outro lado, teremos que fazer isso numa disparada, pois a menor demora ou descuido é um convite a uma certeira e raivosa rajada das metralhadoras "Lurdinhas", dos alemães, ou a uma maciça concentração de tiros de morteiros.

Escrevo do Posto de Comando do major Henrique Oest, nesta que foi a rua principal de Montese. O andar superior do prédio onde me encontro simplesmente não existe mais, de forma que o major teve que alojar num quarto dos fundos, dos raros que sobraram, escuro como se fosse noite, todos os seus apetrechos de guerra, mapas, telefones, caixas de munição e de comida enlatada.

As portas estão todas protegidas por sacos de areia, que também se acumulam no piso lá em cima. São precisamente onze horas da manhã: escuto os morteiros alemães explodindo em diferentes pontos da cidade. Outros ruídos, diferentes e desiguais, me dizem aos ouvidos já acostumados com a voz da guerra que um outro muro ou casa de Montese foi abaixo e que uma nova cratera fumegante foi cavada nas proximidades. Quando os alemães fizerem uma pausa no seu trabalho, e eu conseguir dar uma espiadela lá fora, é mais do que certo que irei ver novos indícios da guerra que está acabando com Montese. Possivelmente, o prédio que era a farmácia não existirá mais; e o esverdeado balcão da bela casa da esquina, debruçado sobre o vale, também já terá desaparecido. Ali, na paz, é o que me conta o velho *contadino*, os homens bebiam vinho, discutiam política e futebol. E as moças, nas tardes de sábado e domingo, mostravam seus melhores vestidos.

Se esta concentração de fogo alemão continuar, e o nosso PC começar a ser alvo fácil, o remédio é descer até a adega — um corredor úmido e sem luz onde os alemães deixaram enterrados litros e litros de um grosso e purpúreo vinho espumante. E se o tiroteio demorar, a solução é provar do vinho e deixar que ele, como um sangue novo, ponha em forma alma e nervos tensos e atormentados. Depois voltaremos para o mundo lá em cima, e o PC retomará a sua rotina: o major atenderá a incansáveis telefonemas de seus superiores ou subordinados, receberá e transmitirá ordens, pedirá tiros de nossa Artilharia sobre as cotas ainda dominadas pelos alemães, dirá alguns palavrões e blasfêmias, e repetirá dez ou vinte vezes mais, neste resto de dia, sua frase habitual: "Eles não podem com a gente. Não podem mesmo".

Hoje pela manhã os alemães nos deram a graça de uma trégua de mais de uma hora. Aproveitei a pausa para ir conhecer de perto outras ruas de Montese e entrar em algumas de suas casas ainda razoavelmente intactas. Estive também na sua velha igreja, escondida num ângulo da cidade e por isso mesmo quase a salvo dos obuses. De qualquer forma, os alemães também deixaram aqui rastros de sua passagem: há um pequeno retrato de Hitler pregado na sacristia (havia, porque o arranquei e trouxe comigo), papelada em alemão espalhada pelo chão, revistas ilustradas de Berlim e de Munique. E mais dois objetos que tanto contrastam: um sutiã cor-de-rosa, que embrulhava um maço de documentos em alemão, e uma pastoral religiosa — "Presso la culla del Bambino Gesù" — em manuscrito, letra e música do padre Roberto Rosso, que foi composta aqui mesmo em Montese — é o que leio numa introdução datada de agosto de 1944 e dedicada "às irmãs Margherita e Virgínia".

Noutros tempos mais ditosos, a pastoral do padre Rosso, embalada pela voz do órgão agora desmantelado lá em cima, certamente terá enchido de sons esta igreja, estes vales e montanhas. "*Dormi e sogna o Amor/ Dormi e sogna o Amor.*" Mas agora, neste ingrato e feroz abril de 1945, já não vêm da igreja música ou incenso; e se o *bambino* Jesus estiver à espera de outra balada ou berceuse do padre Rosso, insones e vazias serão suas noites. Mesmo porque a Montese de agora não necessita mais, para o seu sono, de acalantos celestiais ou pastorais angélicas, de harpas ou cantos do céu. Os morteiros e as metralhadoras é que agora vigiam de perto o sono de Montese morta.

O ano-novo

Volto aqui a Roma depois de onze dias intensos na frente brasileira. A descrição detalhada destes últimos dias serviria para desiludir algum espírito ingênuo e otimista capaz de julgar ser a vida do correspondente de guerra, na Itália ou em qualquer outro front do mundo, um paraíso movimentado e colorido. Não quero me prolongar muito a respeito, mas quando o leitor souber que entre o dia 25 de dezembro último e este 2 de janeiro só me foi possível tomar um banho, apressado e econômico, poderá por si mesmo tirar outras conclusões a propósito da vida que levamos aqui. Mas é lógico que isto não acontece somente com os correspondentes, obrigados a andar de um lado para outro, sem pouso certo para dormir ou para comer. A guerra é, na sua totalidade, uma coisa incômoda, incômoda para o general, para o coronel, para o pracinha ou para o correspondente.

As noites de 26, 27 e 28 haviam sido terríveis. Sabíamos mais ou menos o que estava acontecendo, porque o coronel havia chamado todos nós e, diante de um grande mapa minucioso, explicado as últimas manobras e intenções do inimigo. As últimas informações de *partigiani* chegadas ao 5º Exército revelavam a marcha de quatro ou cinco divisões nazifascistas do norte italiano para o sul, e tudo mostrava que os alemães, à semelhança do que estavam fazendo na frente do Ocidente europeu, tencionavam dar início a uma grande ofensiva até o porto de Livorno. A investida nazista contra uma divisão negra norte-americana e a reconquista de Barga, num setor que meses atrás estava sendo defendido pelos brasileiros, não queria dizer outra coisa. A verdade, porém, é que tudo acabou bem, como devem ter lido nas notícias telegráficas das agências.

Barga foi novamente libertada pelos aliados e os nazistas empurrados para além de suas linhas anteriores. Entre a investida nazista e o contra-ataque aliado, que a libertou, a pequena cidade medieval esteve perto de dois dias nas mãos dos alemães. O tempo foi pouco, mas o suficiente para que os tedescos cometessem contra a população algumas de suas típicas barbaridades. Homens e rapazes válidos foram mandados para o trabalho forçado no norte italiano, alguns elementos *partigiani* presos e torturados. Sigo amanhã cedo para lá, juntamente com alguns outros correspondentes estrangeiros, o que significa dizer que dentro de poucas horas a história da curta ocupação de Barga poderá ser revelada em todos os seus detalhes.

A notícia de que os alemães estavam avançando na Itália lançou o pânico nas populações vizinhas à frente de batalha. Os civis nos seguravam nas ruas para saber das últimas notícias. Um medo angustioso e desesperado estava estampado nos rostos aflitos que nos indagavam se era verdade que os tedescos estavam vindo de volta. Por alguns instantes, nas estradas e caminhos da frente noroeste aliada, podia-se contemplar um dos espetáculos mais comuns desta guerra: filas de civis, com os pertences às costas, fugindo de um inimigo que parecia retornar com a mesma fúria e implacabilidade dos seus primeiros avanços, naqueles distantes dias em que a guerra era uma coisa sua.

Lembrei-me, então, de muitos dos muros pichados nas cidades e povoados livres dos nazistas, e fiquei a imaginar comigo mesmo qual seria a reação das SS ou da Gestapo diante de frases como estas: "Viva a Inglaterra! Viva a Rússia!", "Morte aos fascistas!", "Os tedescos precisam ser eliminados!", "A América toda-poderosa nos salvará!". Possivelmente, os muros pichados de Barga terão justificado os dois dias de crueldades nazistas, se é que o alemão necessita de qualquer justificativa para praticar os seus crimes.

A revelação de que os tedescos foram derrotados e estavam fugindo para os seus montes e casamatas nos chegou numa madrugada, quando tentávamos adormecer sob o tiroteio que visava o quartel avançado das tropas brasileiras. Voltamos a descer pelos Apeninos, até nosso Quartel-General Avançado, e o último dia de 1944 nos encontrou aboletados num jipe a caminho do que Roma representava para nós, esgotados por noites intranquilas e atormentados pela neve e pela poeira de mil caminhos: um bom banho quente, uma cama macia e confortável, uma luz regular com a qual é possível ler alguma coisa, informações e notícias em dia do mundo.

Mas o triste é que vim encontrar o Hôtel de la Ville, "o lar dos correspondentes", como explica uma de suas tabuletas na porta da frente, inteiramente tomado, sem um único quarto para o *povero brasiliano rovinato*.* Tenho que passar esta última noite de 1944 no quarto de um colega neozelandês, comprido e falador, pois que só amanhã o aflito gerente me conseguirá uma cama e um banheiro meus. Esfrego o rosto apressado, e ainda com os olhos ardendo de poeira vou lá para baixo, para o bar, onde uma multidão complexa e diferente canta e dança como componentes de uma só família. O ano de 1945 me encontra cochilando numa poltrona, defronte de uma lareira apagada e diante de um conhaque verme-

* "O pobre brasileiro arruinado." (N. E.)

lho e sem gosto. Foram as badaladas do Big Ben, irradiadas de Londres para os correspondentes do Hôtel de la Ville, que me despertaram, e aqui eu faço votos para que nunca mais aconteça, em toda a minha vida, uma outra passagem de ano semelhante.

Não devo esquecer também o gesto espontâneo e gentil da bela correspondente sul-africana (ela se chama Norinha). Meia-noite, ela me bateu no ombro e ergueu para mim sua taça de champanhe. Suas faces estavam muito coradas, a luz brilhava nos seus cabelos pretos e sua voz veio até mim como uma coisa inesperada mas muito desejada:

— Feliz Ano-novo para os brasileiros.

Foi um pequeno instante de felicidade que fico devendo à África do Sul.

Roma faminta

Às oito horas, o *cameriere* me deixa aqui no quarto 7, do Hôtel de la Ville, os dez ou onze diários romanos, uma única folha comprida e estreita impressa dos dois lados. É começo de um novo ano e a imprensa de Roma tem palavras amargas e comentários melancólicos a respeito de como 1945 tratará a gente italiana, e pergunta se com os próximos 365 dias virá alguma solução definitiva para seus males físicos e políticos.

Tenho andado, nestes últimos dias, por quase todas as estradas entre a frente e Roma, e sei perfeitamente o que são aqueles males. Vi, em Viterbo, famílias inteiras habitando em cavernas abertas na rocha, porque seus lares foram destruídos. Vi, em Pisa, os *bambini* me assaltarem com fúria, atrás de um pedaço de chocolate ou de uma carteira de cigarros. Em Pistoia, uma pequena cidade próxima ao setor em que lutam os brasileiros, uma senhorita me ofereceu um broche florentino em troca de um pouco de açúcar que eu poderia trazer do meu quartel.

Nas idas e vindas do meu jipe por dezenas de povoados e cidades do litoral e do centro italianos, tenho contemplado espetáculos que dificilmente poderão ser esquecidos. É toda a tragédia de um povo aniquilado pela guerra, faminto, esfarrapado, um povo que, ao contrário das várias outras nações que vão sendo libertadas pelos aliados, não enxerga no futuro qualquer esperança amiga. Todos os erros e traições do fascismo estão agora ressurgindo em sofrimentos atrozes e o fascismo cometeu tantos crimes na Itália que muitos deles ainda não são conhecidos dos próprios italianos.

Muita gente me tem perguntado aqui, por exemplo, por que os brasileiros, uma gente tão *simile*, estão em luta contra os italianos. E quando lhes respondo que, entre outras coisas, submarinos da Itália afundaram navios brasileiros, eles me olham com espanto e incredulidade, como se eu lhes estivesse repetindo qualquer história fantástica da Rádio de Berlim.

O ano de 1945 entrou em Roma através de 3 mil pessoas miseráveis, sem abrigo e seminuas, tangidas da Toscana pela guerra. Tive oportunidade de ver de perto, no primeiro dia do ano, a multidão aniquilada reunida numa praça de um dos subúrbios romanos. Hoje, em toda a Itália, há um círculo de famintos e desabrigados abraçando as grandes cidades abandonadas pelos nazistas. O problema de Roma é o problema de Nápoles, de Florença, de Pisa, de Catânia.

O governo não sabe o que fazer, já que qualquer solução implica fornecimento de víveres, roupas e habitações, coisas impossíveis de encontrar numa Itália *rovinata* pela guerra. Mesmo nas cidades menos atingidas, como Roma, o estado de pauperismo da população é fácil de ser notado.

Desde 1940, por exemplo, que o italiano não manda fazer um terno novo, com exceção, é lógico, dos maiorais fascistas, muitos dos quais ainda se encontram em seu cômodo na parte libertada do país, protegidos por uma política aliada de conciliação que tanto vem sendo combatida pelos partidos da esquerda. Neste inverno, um dos mais agudos dos últimos tempos, os homens vestem sobretudos surrados, e as mulheres repetem, através dos seus vestidos gastos, as modas de ontem. Os preços fantásticos tornaram impossível a compra de um par de sapatos ou de um simples casaco de lã. As vitrines das melhores lojas de Roma, no Corso Umberto, estão vazias como se tivessem passado por um saque. Um diário romano, *Italia Nuova*, pergunta em grandes títulos: "De que precisamos?", e a resposta vem logo abaixo: "Precisamos de tudo: roupa, remédios, alimentação, lares".

Il Popolo publica em toda sua primeira página o apelo que Myron Taylor, representante do presidente Roosevelt junto ao Vaticano, acaba de endereçar ao povo dos Estados Unidos, pedindo-lhe que ajude por todos os meios a desgraçada gente italiana. O premier Bonomi e o ministro Gasperi,* do Exterior, também fizeram transmitir pelo rádio apelos semelhantes.

Entrementes, milhares de italianos rondam as embaixadas aliadas, particularmente a brasileira e a norte-americana, à procura de um meio qualquer através do qual possam trocar seu país devastado pelas promessas do Brasil ou dos Estados Unidos. Uma das coisas mais comuns, aqui na Itália, é encontrar um italiano que possui parentes em São Paulo. Eles falam conosco nas barbearias, nos bares, e nos perguntam se conhecemos seus parentes ou amigos, como se o Brasil fosse apenas uma rua do Brás ou da Mooca. Ainda hoje, num estabelecimento fotográfico, um rapaz me levou para o canto da sala e me encheu de perguntas angustiosas. Ele é filho de um brasileiro, seu pai se chama Valdemar Cordeiro, funcionário do Ministério do Trabalho e residente numa cidade do interior goiano, parece que Ipameri. Desde o começo da guerra que o rapaz está tentando se comunicar com o Brasil, mas

* Ivanoe Bonomi (1873-1951), primeiro-ministro do Reino da Itália de 1944 a 1945, e Alcide De Gasperi (1881-1954), ministro do Exterior de 1944 a 1946. (N. E.)

tem sido inútil. Ele me conta que quer deixar tudo isto, aqui, tomar um navio e ir para onde está seu pai. Pergunta o que deve fazer. Mas que sei eu? O seu desespero é o desespero de milhares.

A Itália desgraçada

A tarefa a que se propõe o Comitê Nacional de Socorro às Zonas Devastadas pela Guerra, criado logo após a libertação de Roma, vem explicada na sua própria denominação: angariar donativos junto ao povo italiano e distribuí-los entre as populações afetadas pela guerra. Os apelos que o comitê vem fazendo aos habitantes das cidades mais importantes, como Nápoles, Florença e Roma, são os mais penosos e angustiantes possíveis. Ainda hoje, aqui em Roma, o comitê espalhou pela cidade, por meio de folhetos, uma sinistra amostra das desgraças que a guerra trouxe para a Itália. Um dos folhetos enumera num rol explicativo uma série de florescentes comunas de ontem que a guerra transformou numa coleção de ruínas.

Dos 1800 habitantes de Fara San Martino, por exemplo, 1200 ficaram sem teto. Em Fileto, uma pequena cidade de 1940 habitantes, 1200 pessoas estão morando em cavernas abertas nas montanhas próximas ou refugiadas nos pequenos bosques das adjacências. Dos 3 mil habitantes de Gessopalena, 2 mil estão sem casa.

Ortona a Mare, de 19 040 habitantes, luta hoje em vão no sentido de abrigar os seus 11 240 residentes que ficaram sem lar, metade dos quais foi destruída pelos tedescos em retirada. Tollo possui 2950 habitantes e 1735 tiveram seus lares despedaçados pelas bombas. Dos 930 habitantes de Taranta Peligna, somente 130 tiveram suas residências relativamente intactas. Em Torricella, uma pequena cidade de 3800 habitantes, a guerra destruiu o lar de 3 mil pessoas, e em Montone Redonio, de 1700 habitantes, apenas duzentas pessoas conseguiram escapar à total destruição.

O rol é imenso, há centenas de povoados, lugarejos e cidades relativamente importantes que desapareceram, em poucas horas, e que agora nos mostram, às margens das estradas cimentadas, o pavoroso quadro de suas ruínas.

Muitas das cidades, como Cassino e Anzio, sumiram inteiramente da face da Terra, e nessa lista podem também ser incluídas algumas das cidades do norte italiano, ainda em poder dos alemães. Informações de *partigiani* revelam que várias localidades próximas ao passo de Brennero estão completamente destruídas, particularmente os entroncamentos.

Escrevi sobre Tollo, um dos lugarejos italianos que vieram citados no primeiro e sinistro rol do Comitê de Socorros. Conheço a Tollo de hoje — meia dúzia de casas antigas e escuras sobre uma colina redonda. Apenas meia dúzia — o resto são ruínas, lembranças de alicerces, restos de muros, fragmentos de telhados, um emaranhado de vigas partidas. Culpadas de toda essa destruição foram as duas casamatas que os alemães levantaram na entrada do povoado, num dos tantos e fracassados intentos de retardar a marcha aliada que partia célere de Roma.

Durante dois dias, me disseram alguns dos seus habitantes, Tollo sofreu o peso de um terrível canhoneio.

— A primeira bomba estremeceu toda a cidade. Depois nos acostumamos. Muitos de nós conseguiram deixar a cidade da luta, e ficaram nas montanhas. Mas muitos morreram. Quando os aliados entraram aqui, pouca coisa restava. Apenas isto que o senhor está vendo. As bandeiras aliadas foram içadas nos prédios intactos, mas não era ainda o fim de nossos sofrimentos. A guerra para nós continuava, porque os nazistas deixaram dezenas de minas espalhadas pelo povoado. Até na igreja. Durante semanas, Tollo explodiu e suas casas desabavam. Há dois meses que estamos vivendo mais ou menos sossegados, mas não podemos utilizar nossos campos, pois não sabemos que malditas armadilhas os tedescos deixaram lá.

Falo aqui de minas, e recordo o que me disse, certa vez, um correspondente de guerra estrangeiro:

— Até que rebente a última mina alemã, muitos anos terão passado no mundo de pós-guerra. Os dez primeiros anos de paz, acredito, serão dedicados à colheita das coisas malignas que os nazistas espalharam pela Europa.

É muito comum, aqui na Itália, para quem atravessa o país de norte a sul, ver campos rasos e verdes se estendendo longe, porém desertos. É que há sempre, espetada no terreno fértil, uma tabuleta em inglês e italiano nos avisando: "Cuidado! Minas!". Arados e homens não podem rasgar a terra nem enterrar as boas sementes nesses chãos do diabo. Diga-se também que 90% das minas distribuídas pelos nazistas não visam objetivos militares. Apenas maldade. Algumas delas foram colocadas em pontes e usinas, mas há milhares de outras que explodiram no interior de igrejas, nos hospitais, em casas de civis. Crianças, mulheres e velhos têm sido vítimas delas, porque assim é a lógica da guerra de Hitler e Mussolini.

O camarim de Mussolini

Creio que fiz ao *cameriere* do Excelsior uma pergunta que possivelmente fora repetida antes por dezenas de outros correspondentes:

— Onde fica o Palazzo di Venezia?

Ele me levou até a grande planta da cidade, no hall, e me ensinou:

— O senhor está aqui na via Vitório Veneto. Para chegar até lá o senhor vai até a praça Barberini, aqui perto, e desce a Via del Tritone, que termina no Corso Umberto. Então o senhor toma a direita e segue até o fim. O fim é a praça Venezia e à direita está o palácio.

Posso vê-lo agora livre da mise-en-scène fascista: é uma casa acabada e cinzenta, os lados compridos como muros. Há centenas de janelas, na frente e nos oitões, e bem no centro, como um olho aberto para o Foro Itálico, o balcão onde o cômico Duce arengava para *carabinieri* e fascistas. Na primeira vez que estive lá, ainda era possível chegar até o referido balcão e ficar lá, durante alguns minutos, enrolado em alegres e confortáveis reminiscências.

Afinal de contas, qualquer um que tenha combatido, através de toda sua vida, o fascismo e seus crimes deve se sentir feliz naquela janela central, símbolo perfeito de tantas ameaças desmoralizadas e de tantos desejos imorais abortados.

Venho encontrar agora, no entanto, a porta que dá para o balcão lacrada e um aviso em inglês de que, por ordem do comando aliado, fica proibido o acesso à janela central. Um dos guardas do palácio me explica:

— Todo mundo que entrava aqui se achava no direito de deixar uma lembrança sua no balcão. As paredes dos lados e o parapeito estão repletos de inscrições contra Mussolini e o fascismo. Um sargento americano já fez um discurso aqui de cima, e um hindu, certa tarde, trouxe um fotógrafo com a incumbência de bater vários instantâneos seus debruçado no balcão.

Por detrás do balcão, fica a sala mapa-múndi, comprida e imponente, e lá no fundo, até meses atrás, o Duce despachava, sobre uma comprida mesa negra, sua volumosa correspondência de pretenso próximo dono do mundo. Para quem entra no palácio e pretende chegar até o mapa-múndi, há um longo caminho a percorrer: há uma escada larga e estirada, há um hall majestoso e há ainda quatro ou cinco salas forradas de mármores, compridas e somente ornamentadas com bustos de cavalheiros ilustres — Mussolini tinha aqui um busto imponente. No piso de sua sala de trabalho, a maior de todas, Benito mandou gravar no mármore central um enorme *fascio* negro e uma data qualquer da "era fascista". É a única lembrança do fascismo que ainda resta no Palazzo di Venezia.

Toda a mise-en-scène foi posta abaixo — bandeiras, *carabinieri*, couraçados, guardas de honra e de segurança etc. —, e há mais de dois meses as compridas salas estão repletas de quadros famosos. Em vez de *podestà* há telas de Rafael, Ticiano, Rubens, Da Vinci, Tintoretto, Velázquez, Michelangelo, todos os maiorais.

Não sei se por coincidência ou de propósito, bem no lugar onde ontem era a mesa de Mussolini, os organizadores da exposição colocaram uma enorme tela, parece que de Ticiano, onde aparece, em primeiro plano, um cachorro são-bernardo que nos olha com o mais desgraçado dos olhares, como se alguém lhe tivesse pisado na cauda.

Diante de nós, no balcão, se estende a larga Via dell'Impero, uma avenida construída pelos fascistas e que, segundo Mussolini, representava o caminho aberto à Roma fascista para a conquista de suas antigas glórias. A rua foi rasgada logo depois da difícil conquista da Abissínia, mas curtas e efêmeras foram as conquistas do Duce. Aqui nesta via empacou o Exército que pretendia conquistar a Albânia e a Grécia. Hoje, em vez de *legionari* prenhes de vitória, passeiam por ela soldados e oficiais aliados em gozo de licença, porque a orgulhosa e ridícula Roma fascista está transformada, para os soldados que estão ganhando esta guerra, apenas numa cidade de relíquias e turismo.

O pacífico e reumático guarda que hoje vigia os quadros famosos, no Palazzo, me disse:

— Mussolini falava sempre à tarde. Duas horas antes, a praça já estava toda tomada. Vinham fascistas de toda a Itália. A polícia secreta mandava para aqui os seus melhores homens, centenas deles, que ficavam de mistura com o povo. Aplausos e clamores contra qualquer nação inimiga, eram eles que comandavam. Um batalhão de *bersaglieri* isolava o palazzo da praça e do povo. Os discursos de Mussolini eram longos e bombásticos. Muitas vezes, numa pose estudada, ele perdia o olhar no fim da Via dell'Impero, onde se ergue o Coliseu, e ficava assim uma porção de tempo, como se estivesse sonhando.

O guarda me apontou para o monumento a Vittorio Emanuele II (uma obra-prima de mau gosto arquitetônico, acho eu), à minha direita, e acrescentou:

— *Balilla* * e fascistas enchiam aquelas escadarias, e quando eles começavam a cantar ou gritar ninguém podia escutar mais nada. Foi dali que partiram os primeiros gritos de "Djibuti!" e "Córsega!".

Esta manhã, 22 de janeiro, tive que ir fazer qualquer coisa para os lados da Piazza Venezia e passei pelo palazzo. Suas paredes escuras já não estão mais nuas. Mãos misteriosas colaram ontem, ou mesmo hoje, centenas de cartazes grandes e coloridos comemorando a libertação de Varsóvia pelos russos. Toda Roma está coberta deles, e as paredes desta cidade, como de toda a Itália, são o melhor mostruário dos seus sentimentos, desejos, ódios e protestos. Sempre que venho a Roma descubro que uma aragem nova passou pelas suas paredes, substituindo cartazes de ontem por proclamações recentes. Os cartazes que esta manhã saudaram a libertação de Varsóvia encobriam inteiramente os avisos e convites dos partidos, os anúncios dos teatros, as patrióticas frases fixadas, as "tabelas de preços máximos". São cartazes vermelhos e grandes, uma cruz equilibrada em ruínas fumegantes, e eles dizem somente: "Varsóvia, 1939. Varsóvia, 1945". Mas é como se dissessem tudo.

* Rapazes de oito a catorze anos mobilizados nas formações paramilitares da organização juvenil fascista Opera Nazionale Balilla. (N. E.)

Fim de guerra

Foi no dia 3 de maio de 1945. Haviam-nos dito, no Quartel--General Avançado da FEB, que a guerra iria acabar dentro de três dias, quatro no mais tardar. Mas na verdade já havia acabado, embora muitos dos combatentes — aliados e alemães — ainda não soubessem disso. Eu sabia. Mas não o sabia o sargento alemão que fomos encontrar, num trecho da autoestrada que vai de Milão a Bolonha, tentando comandar decentemente um grupo de soldados amarfanhados e barbudos. Atrás do aturdido batalhão, um pequeno carro italiano camuflado levava um coronel de rosto duro, que sentava ereto ao lado do motorista como se estivesse em posição de sentido. E o motorista era quase um menino, as faces cavadas pelo cansaço, olheiras profundas e maltratados cabelos sobrando do casquete cinza-esverdeado.

Alcançamos com o nosso jipe o carro do coronel, que andava sem pressa, fiz um gesto pedindo que parasse. Mas, antes de frear, o menino olhou apreensivo para o impassível oficial. Este levantou o braço direito, cuja mão segurava uma luva de couro, e imediatamente o jovem chofer pisou forte no freio.

Lá na frente, o sargento e os soldados, vendo que o carro do coronel estacara, também interromperam sua marcha. E logo uma vintena deles rodeava o nosso jipe. Numa voz que pretendia ser autoritária, o sargento grunhiu uma ordem que ninguém pareceu ouvir. Ou, se ouviram, não obedeceram.

Entre Milão e Bolonha, a larga estrada ainda não era inteiramente de ninguém, nem nossa, nem deles — e por ignorar isto é que o correspondente de guerra Rubem Braga levou um inesperado tiro na mão. Logo a magnífica rodovia estaria desimpedida, mas naquela manhã havia trechos dos quais o inimigo ainda não havia sido expulso. O difícil era saber o que já era nosso e o que ainda era deles. E saber isso era o que precisamente estava acontecendo naquele instante no quilômetro 312 do caminho que nos trouxera de Milão, libertada poucos dias antes, e que deveria nos levar a Bolonha, já tomada havia muito tempo.

O caporal Hans sabia um pouco de italiano e, a uma pergunta minha, respondeu que estavam recuando.

— Para onde?

— Para qualquer lugar, não sabemos ainda.

Perguntei depois quem era o coronel. Hans me disse que o coronel se chamava Gunther Habecker, comandante do 114º Regimento de Artilharia — ou do que restava dele. E o que restava do 114º era o que se encontrava ali, diante de nós: uns cinquenta homens de todas as idades, de uniformes os mais variados, a maioria já sem qualquer arma, quase todos de olhos enterrados nos rostos magros, fechados na barba de dias. O 114º era a sobra de uma divisão, a 543, que por sua vez havia sobrado de um corpo de Exército — o do marechal Kesselring —,* que não existia

* Albert Kesselring (1885-1960), militar da força aérea alemã condenado, entre outros crimes de guerra, por ordenar o assassinato de mais de trezentos civis italianos no chamado Massacre das Fossas Ardeatinas, em Roma, em 24 de março de 1944. (N. E.)

mais e que começara a dispersar-se desde que foram expulsos do seu QG, em Gênova.

Foi ao caporal Hans que indaguei para onde eles pretendiam ir, mas ao fazer a pergunta fixei por um instante os olhos no coronel Gunther, que permaneceu como estava: vertical e distante. Hans queria saber se de fato a guerra havia acabado.

— Acabou mesmo, não?

— Acabou.

— Nós já sabíamos. Horas atrás encontramos um batalhão de ingleses, perto de Pádua, e eles nem nos quiseram prender. Só nos disseram que a guerra havia acabado. Claro que acabou. Só o nosso coronel não quer entender ou aceitar isso.

Marchavam agora, ou melhor, caminhavam quase se arrastando, como no final de um prolongado passeio. Direção: a retaguarda. Ponto de chegada: qualquer um. Talvez Bréscia, talvez Alessandria, talvez até Turim. Mas era visível que não podiam ir muito longe mais, porque as rações estavam chegando ao fim e os italianos, antes tão amigos e prestativos, já não queriam mais nada com eles. Estavam quase sem comida. E sem cigarros.

— O último o coronel acaba de fumar.

Quando Hans soube que eu era jornalista passou a me fazer uma série de atropeladas perguntas. Atropeladas e ansiosas. E logo não era apenas ele, mas todos a querer saber se era verdade que a Alemanha havia se rendido, se o marechal Kesselring havia sido preso. Minhas respostas os deixaram ainda mais inquietos. Com exceção do coronel, que fingia não ouvir a nossa conversa (da qual Hans servia de intérprete para os companheiros, no seu italiano confuso), mas era evidente que estava escutando e entendendo tudo.

Hans me disse mais, que as últimas notícias que haviam tido "lá do norte" não eram nada boas, coincidindo com as que eu lhes dava: Mussolini e seus *gerarchi* haviam sido executados pelos *par-*

tigiani, Berlim praticamente fora varrida do mapa, Hitler se matara, e os vitoriosos, particularmente os russos, estavam sendo implacáveis para com os vencidos.

Que ia ser deles? Um era de Bremen, outro de Hamburgo, outro de Dresden — "Dresden também acabou" —, outro de Kiel. E havia também alguns tchecos, um russo ucraniano e quatro polacos. Que iria ser de todos? Muitas das cidades onde haviam nascido, e para onde pretendiam retornar um dia, eram naquele instante apenas nomes, referências sem sentido numa geografia que a guerra havia passado a limpo, nalguns pontos apagando-a por completo do mapa.

Houve um momento em que o sargento me segurou pelo braço, me olhou dentro dos olhos e perguntou se eu tinha cigarros: "*Zigarette?*". Não fumo — mas tinha.

— *Cambiare?*

Trocar por quê? Que teria ele a me dar? O alemão meteu a mão no bolso do culote folgado e dele tirou uma Cruz de Ferro e mais outro crachá no centro do qual uma iracunda águia nazista desfraldava as suas outrora temíveis asas.

— *Cambiare?*

Entreguei-lhe os dois maços, ele me deu as medalhas. Depois acendeu um cigarro, sorveu demorada e gulosamente a fumaça, os olhos semicerrados, num total enlevo. Em seguida ajeitou o bornal que trazia dependurado ao ombro, gritou uma ordem mais imperativa e o grupo voltou a se reunir.

Foi então que começou a cair uma chuvinha rala e fria — e também absolutamente neutra, pois molhava a todos nós, vencedores e vencidos. Imperturbável, o coronel Gunther Habecker continuou como estava. Mas o sargento, ao vê-lo exposto à chuva que engrossava, gritou qualquer coisa em alemão. E como ninguém, no grupo palrador, parecesse tê-lo ouvido, gritou mais alto. Logo um velho soldado destacou-se do resto do batalhão, trazendo um guarda-chuva. O sargento arrancou-o das mãos do soldado, pulou para o assento de trás do pequeno carro do coronel e abriu sobre sua cabeça o guarda-chuva providencial. O coronel Gunther, comandante do 114º de Artilharia, repetiu o mesmo gesto de momentos antes, erguendo a mão que segurava a luva de couro, e o seu carro pôs-se novamente em movimento. Ao roçar nosso jipe, fez uma espécie de continência, à qual o meu motorista, um enfezado e exausto terceiro-sargento, respondeu com um sonoro palavrão em português.

Não havia dúvida: a guerra tinha acabado, definitivamente. Tudo indicava isso: o prosaico guarda-chuva aberto sobre a cabeça do coronel alemão, sua continência vaga (mais cumprimento que continência) e o indisciplinado palavrão do meu sargento — não restava mais dúvida: tais demonstrações tão à margem da ordem castrense eram a prova definitiva, a que me faltava, de que de fato a guerra chegara ao fim.

A guerra havia acabado, que seria de todos nós? Do lado de lá, um era de Bremen, outro de Hamburgo, outro de Praga — que ia ser deles? Do lado de cá, eu era de Aracaju e o sargento de São João del-Rei — que ia ser de nós dois? Nossa situação, naquele momento, era ironicamente a mesma, ou quase. Vencidos e vencedores, a fábrica de matar, onde vínhamos trabalhando havia meses, anos, fora fechada, e agora estávamos todos sem emprego. Dentro de mais algumas horas, quando o armistício fosse assinado, não seríamos mais que intrusos sem função numa terra que não era a nossa e que por justas razões só tinha motivo para nos detestar e estava ansiosa para nos ver pelas costas.

Quando o último soldado alemão desapareceu na estrada, o sargento Alcebíades me perguntou: para onde iríamos agora? Pensei alguns segundos, decidi:

— Vamos voltar.

— Para Milão?

— Exato.

— Mas acabamos de sair de lá.

— E daí? A guerra acabou. O coronel deles pensa que não, mas o fato é que acabou. Você viu aquele guarda-chuva do sargento? A guerra acabou mesmo. Vamos para Milão. Lá tem luz, tem aquecimento, tem bebida, tem mulher. E já é hora de arrumar a nossa trouxa.

Na verdade, metido naquela farda velha de quase dez meses, eu já começava a me sentir um tanto ridículo. Como alguém fantasiado de palhaço numa Quarta-Feira de Cinzas.

— Quer dizer que é Milão mesmo?

— É.

— Pois que seja. O capitão é quem manda.

Minha reação foi ríspida:

— E pare de me chamar de capitão. Capitão é a mãe!

— E como vou chamar o senhor a partir de agora?

— Senhor também é a mãe! Me chame simplesmente de Joel. É o meu nome. E é o que sou.

— Depois de tanto tempo, vai ser difícil. Mas vou tentar.

— Pois comece logo. E basta de conversa. Milão!

Posfácio

O soldado da notícia

Sérgio Augusto

Em fevereiro de 1945, no terceiro Carnaval que também perigou ser cancelado por causa da guerra na Europa e no Pacífico ("Estamos de luto", explicou seu voto, numa enquete do jornal *O Globo*, o compositor Donga, justo o autor do primeiro samba reconhecido como tal), uma marchinha composta pela dupla Grande Otelo e Herivelto Martins empolgou bem menos os foliões do que se esperava. Uma surpresa, visto que "A guerra acaba amanhã" era autoexplicativa: "Canta, samba, dança/ muita alegria/ nós precisamos, irmãos/ Tá terminando/ a tirania alemã/ a guerra acaba amanhã".

Mas o tão esperado amanhã ainda levaria três meses para chegar. Nos primeiros meses de 1945, ninguém aguentava mais aquela interminável carnificina — nem mesmo quando avacalhada à distância por uma catártica blitzkrieg de confetes, serpentinas e lança-perfume.

Nos dois carnavais precedentes, nossos trovadores de sambas e marchinhas, liberados pela censura getulista para gozar à vontade os países do Eixo — aos quais o Brasil declarou guerra em agosto de 1942 —, haviam escrachado, com enorme aceitação popular, a figura de Hitler, o passo de ganso dos soldados alemães, os japoneses do imperador Hirohito, a saudação nazista, e, ao mesmo tempo, exaltado a invasão da Itália pelos Aliados e as razias aéreas da Força Aérea Real britânica (RAF) sobre Berlim. Na fuzarca de 1945, contudo, as fantasias de Montgomery (o marechal Bernard Montgomery, a "Raposa do Deserto", comandante das tropas britânicas no norte da África) e de Guerrilheiro Russo (em voga desde a resistência soviética em Stalingrado) já não mais superavam as de pirata, pierrô e palhaço, no meio do salão.

Àquela altura, voltar ao Brasil era mais que um desejo ardente, tornara-se uma obsessão dos nossos expedicionários e dos paisanos que, com outras armas e funções, lutavam na infantaria jornalística. "Não vejo a hora de voltar e tomar um chopinho no Bar da Brahma, na Galeria Cruzeiro", lamentava-se diariamente o repórter gaúcho radicado no Rio de Janeiro Egydio Squeff, enviado d'*O Globo*, que todas as manhãs exortava os demais soldados da notícia a trocar o quentinho do saco de dormir (ou cama-rolo, como Rubem Braga, representando o *Diário Carioca*, preferia chamá-lo) pela geladeira natural dos montes Apeninos. Sempre com o mesmo refrão: "Guerreiros, de pé! À luta!".

Quando a guerra já estava de fato para acabar, seu companheiro de armas e funções, Joel Silveira, enviado de *O Jornal* e *Diários Associados*, desabafou carnavalescamente: sua maior aspiração era livrar-se da farda, que o fazia sentir-se "como alguém fantasiado de palhaço numa Quarta-Feira de Cinzas". Como os brasileiros em geral, o sergipano entrara espiritualmente na guerra em meados de 1942, depois que três embarcações de nossa Marinha Mercante foram abatidas por submarinos alemães, entre Bahia e Sergipe, e o presidente Getúlio Vargas enfim rompeu relações com a Alemanha de Hitler e a Itália de Mussolini.

Àquela altura, Joel trabalhava como repórter e secretário de redação do semanário *Diretrizes*, fundado e dirigido por Samuel Wainer. Já tinha então seis anos de "experiência jornalística", se nessa categoria podemos enquadrar a entrevista que, aos dezoito anos, ele fizera com Jorge Amado, coadjuvado por quatro colegas do Ateneu Pedro II, de Aracaju, para o jornal do colégio.

No Rio de Janeiro desde 1937 para estudar direito, Joel nem esquentou cadeira na faculdade. Seu negócio era mesmo escrever. Adotado pelo jornalista e escritor Raimundo Magalhães Júnior, começou publicando crônicas e reportagens na revista *Dom Casmurro*, em cuja redação se iniciou pra valer no ofício, sob o comando do jornalista e poeta Álvaro Moreyra.

Com seu temperamento expansivo, ajustou-se sem o menor esforço às rodas intelectuais e boêmias da capital da República. Não demorou a se fazer íntimo dos poetas Manuel Bandeira, Carlos Drummond de Andrade e Paulo Mendes Campos, do cronista Rubem Braga, e de quem mais valia a pena ser amigo na imprensa do eixo Rio-São Paulo.

O trabalho na *Diretrizes* significou para ele um tremendo upgrade. E, acima de tudo, um desafio.

De início mensal, só dois anos depois semanal, *Diretrizes* surgiu em plena vigência do Estado Novo, sob a mais implacável censura oficial, controlada pelo Departamento de Imprensa e Propaganda (DIP) criado em 1939, nos moldes do ministério conduzido por Joseph Goebbels na Alemanha Nazista. Para piorar as coisas, era antigetulista. Seus textos mais reflexivos suscitavam constantes embates com a mordaça estadonovista, sobremodo atenta a críticas a Alemanha, Itália e Japão, com os quais o Brasil então se alinhava.

A aragem trazida pela adesão de Vargas às nações aliadas revitalizou o semanário, robusteceu suas convicções liberais, sintonizou-o com os temas e as ideias mais candentes e prementes da época, como a luta contra o nazifascismo e a pré-campanha

"O Petróleo é Nosso", mas não evitou que a revista continuasse sofrendo perseguições políticas. Diante disso, Joel se viu forçado a procurar pouso mais estável e seguro — os *Diários Associados* de Assis Chateaubriand —, sem contudo interromper suas ocasionais colaborações para as revistas *Carioca* e *Vamos Ler*. Foi, aliás, na *Vamos Ler* que publicou seu primeiro romance, *Desespero*, em 1936.

Ele já estava em *Diretrizes* ao emplacar, três anos depois, uma coletânea de contos (*Onda raivosa*), saudada com entusiasmo por Mário de Andrade, Marques Rebelo e Jorge Amado. Sua carreira literária só seria retomada, com mais narrativas curtas, novelas, poemas e até uma ficção política (*Um guarda-chuva para o coronel*, esta já no auge de outra ditadura, a de 1964), sem contar as memórias de guerra, como as impressas neste e em outros volumes.

No semanário de Wainer, Joel logo se destacou como um dos mais perspicazes e irreverentes repórteres de sua geração, dono de um estilo singular de contar histórias, descrever ambientes e retratar pessoas, que lhe daria a fama de precursor, entre nós, do chamado jornalismo literário. Começou entrevistando quem merecia ser ouvido na praça a respeito da ameaça nazifascista (Monteiro Lobato, J. Carlos, o diplomata e futuro chanceler João Neves da Fontoura), tirou das sombras figuras do passado, como o médico brasileiro que salvara o ex-presidente norte-americano Theodore Roosevelt de morrer gangrenado na floresta amazônica em 1914, e deu ouvidos e eco aos motorneiros de bonde em greve no Distrito Federal e a famílias miseráveis do Rio Grande do Sul.

Seu mais notável feito como jornalista literário foi um artigo-reportagem sobre os grã-finos da Pauliceia. "A milésima segunda noite da avenida Paulista" resultou de uma semana de atento convívio com a classe dominante da capital paulista e sua luxuosa e frívola farândola de banqueiros e socialites emproados e as mais cheirosas Lilis, Mimis e Fifis do high society bandeirante.

Tão admirado quanto temido por graúdos da política e até por colegas de profissão, Joel ganhou de Chateaubriand o apelido de "Víbora", ofertado afetuosamente, claro — do contrário o magnata da comunicação não o teria atraído para a redação de *O Jornal*. Paulo Francis, ele próprio viperino, considerava Joel "um estilista, que domina a forma e faz dela um instrumento dócil à expressão de uma personalidade inteligente e generosa, não raro salpicada de humor satírico".*

Chateaubriand e seus epígonos na mídia tiveram enorme dificuldade para dobrar a resistência inicial do governo ao envio de jornalistas para a Itália, junto com os expedicionários. A ditadura não queria abrir mão do monopólio das notícias colhidas na linha de frente. "Eles vão atrapalhar, pois fazem oposição ao governo", alegou o ministro da Guerra e futuro sucessor de Getúlio no Palácio do Catete, o general Eurico Gaspar Dutra. Apenas jornalistas, fotógrafos e cinegrafistas da Agência Nacional, feudo do DIP, puderam acompanhar os 5075 soldados e oficiais do primeiro escalão embarcado no porto da praça Mauá para a Itália, na manhã de 2 de julho de 1944. A bordo do *USS General W.A. Mann* e escoltado até o estreito de Gibraltar por contratorpedeiros brasileiros e navios de guerra norte-americanos, os pracinhas levaram catorze dias para chegar ao porto de Nápoles. Haveria mais quatro escalões iguais àquele nos meses seguintes.

Só depois de muita pressão dos donos dos principais jornais do país e de entidades que vocalizavam a insatisfação popular pela escassez de informações sobre os pracinhas, além daquelas veiculadas pelas agências estrangeiras aliadas, a ditadura afinal en-

* Prefácio, in: Joel Silveira, *Um guarda-chuva para o coronel*. Rio de Janeiro: Biblioteca Universal Popular, 1968.

tregou os pontos. Não sem impor uma condição: os jornalistas indicados teriam de passar por uma filtragem do DIP. Foi nessa que barraram Carlos Lacerda de atravessar o Atlântico.

Pelo acordado com o governo, onze jornalistas (de texto e de câmera) embarcariam em três grupos. O primeiro partiria em 22 de setembro. Os *Diários Associados* tinham direito a um correspondente. Para substituir o vetado Lacerda, Chateaubriand escolheu a "Víbora".

No dia em que Joel, metido em sua provisória fatiota verde-oliva, com divisas de capitão, foi se despedir do patrão, dele recebeu apenas um pedido: "Seu Silveira, me faça um favor de ordem pessoal. Vá para a guerra mas não morra. Repórter não é para morrer, é para mandar notícias". O peçonhento repórter prometeu obedecer cegamente à recomendação de Chateaubriand, e cumpriu o prometido.

Joel só embarcou no terceiro grupo, na companhia de 6 mil soldados, em 23 de novembro, dois meses depois de Egydio Squeff, Rubem Braga e Raul Brandão (enviado do *Correio da Manhã*). Havia ainda no contingente, entre outros marmanjos, uma mulher, Silvia de Bettencourt, que se assinava Majoy e trabalhava para a agência de notícias United Press International (UPI).

Rubem e Raul terminaram sendo os únicos jornalistas feridos "em ação", mas só o segundo ficou com sequelas. O mais velho da turma, com 53 anos, chefe de redação do *Correio da Manhã*, era também o único com experiência em cobertura de guerra, pois acompanhara como repórter o conflito mundial de 1914. Rubem, por sua vez, cobrira a revolta constitucionalista de 1932, em São Paulo.

Sem qualquer traquejo bélico e com apenas um mês de treinamentos, Joel embarcou com a impressão de que ingressava num "mundo estranho e misterioso", que possivelmente levaria muito tempo para ser revelado. Considerava-se "apenas um recruta, bisonho e desprevenido", que em poucas semanas se transformara num "pobre e indefeso civil" fora de seu habitat, ainda por cima obrigado — ordens expressas do então general João Batista Mascarenhas de Morais, o Eisenhower brasuca — a não tocar em política nos despachos. O longo braço da repressão política também havia embarcado com os expedicionários — e se juntado, nos campos de batalha, aos censores do 5º Exército dos Estados Unidos.

Alojados a uma desestimulante distância do QG avançado da FEB, em Pistoia, o "lar efetivo" dos correspondentes e também cemitério militar brasileiro, a partir de dezembro de 1944, nossos soldados da notícia encontraram, na avaliação de Rubem Braga, um ambiente de má vontade e desconfiança. Eram todos vistos com apreensão e curiosidade. "Se vocês estão aqui é porque alguma coisa vai acontecer", esclareceu um deles ao correspondente do *Diário Carioca*.

O que de fato acontecia todos os dias, infalivelmente, era o frio torturante exalado dos gélidos penhascos dos Apeninos, onde a guerra se desenrolava a mais de mil metros de altitude. Até a esquiar na neve nossos pracinhas tiveram de aprender na marra.

A alvorada era quase pro forma, virtual: só lá pelas dez horas da manhã o sol aparecia, quando aparecia, "combalido, agonizante". Às três ou quatro da tarde, já era noite novamente. Com ou sem sol, a visibilidade era pouco mais que nula, pois além da neblina natural, outra, artificialmente criada à base de óleo diesel queimado para esconder dos inimigos o comando da FEB, deixava o ar ainda mais abafadiço. A guerra fede a sangue velho e óleo diesel, descobriu Joel assim que nela mergulhou.

Mas o café da manhã era um consolo e tanto: quente, delicioso e farto. Todos os ingredientes vinham dos Estados Unidos, trazidos para os soldados sob o comando do general Mark Clark, nossos companheiros de combate e de ocasionais mordomias. Rubem, que já saía da cama-rolo com um cigarro na boca, comia pouco, quase nada. O frugal Egydio, só pão e café. Joel pantagruelava-se: "Comia muito, quase sempre demais". E, munidos dos apetrechos indispensáveis — inclusive a máquina de escrever portátil, mas nenhuma arma —, lá iam eles visitar o QG avançado, entregue à liderança do nanico e enérgico general Mascarenhas de Morais.

Amontoados num jipe confiado à perícia de um conterrâneo de Vargas — um "fero cabo de São Borja" chamado Adão, que antes de pisar no acelerador sempre gritava "Deus é grande!" —, levavam aos pracinhas da frente de guerra jornais brasileiros velhos de quatro ou seis semanas, não obstante devorados "como se fossem pão saído do forno". Deles recolhiam histórias, tristes, trágicas e pitorescas, que, somadas às novidades bélicas liberadas pelos oficiais, serviam de subsídio para os seus despachos, sempre recheados de recados personalizados para os amigos e parentes no Brasil.

Rubem tinha certeza, desde antes do embarque, que não contaria uma história que "interessasse aos técnicos militares", mas uma "narrativa popular, honesta e simples, da vida e dos feitos de nossos homens na Itália"; em suma, "uma espécie de crônica da FEB, à moda portuguesa antiga".*

Joel chegou à Itália com 26 anos de idade. "E voltei com quarenta", acrescentava, embora lá só tenha ficado pouco mais de oito meses. Também gostava de dizer que o que a guerra nos tira, quando não nos tira a vida, nunca mais nos devolve. Dava mais atenção do que Rubem aos outros capitães da notícia. Em suas reportagens de guerra (*Com a FEB na Itália*, de 1945, reeditadas pela Record em 1985 sob o título *Crônicas da guerra na Itália*), o sabiá da crônica quase não mencionava os confrades, talvez porque levasse demasiado a sério o dogma de que jornalista não é notícia.

* Prefácio a *Com a FEB na Itália*. Rio de Janeiro: Livraria Editora Zelio Valverde, 1945.

Embora muito mais ligado a Rubem na vida civil e no convívio em redações, no front italiano Joel acabou fazendo do "frágil e ardiloso" Egydio Squeff seu mais constante parceiro, até porque eram os únicos da turma a dispor de franquia telegráfica. Carne e unha nos dois últimos meses de combate, esticaram juntos até o Biffi da Galleria Vittorio Emanuele II, em Milão, para brindar com conhaque de bom rótulo a rendição da 148ª Divisão Panzer alemã e a imolação de Mussolini e a amante, Clara Petacci, em 28 de abril. Mussolini foi fuzilado e dependurado de cabeça para baixo numa barra de ferro de um posto de gasolina da Piazzale Loreto, em Milão, com seus generais e a amante.

Extraordinário jornalista, Joel deu conta do recado com a mestria dos melhores repórteres internacionais que cobriram a guerra contra o nazifascismo. Sem descurar do fundamental, dos detalhes da guerra em si, da campanha que culminou com a ocupação de Monte Castello (em 21 de fevereiro de 1945), Castelnuovo, La Serra, da tão cobiçada Montese (só conquistada em 14 de abril), até Collecchio-Fornovo, já no vale do Pó, entre 26 e 29 de abril.

O conflito, no entanto, não se estendeu por muito mais. Em 2 de maio, o último corpo do Exército alemão na Itália assinou sua capitulação, e, seis dias depois, a guerra na Europa chegava ao fim, com a rendição definitiva do Terceiro Reich.

Além de grande repórter, Joel, como Rubem, excede como prosador. Mais do que um habilidoso correspondente, Chateaubriand mandou para a guerra um escritor de talento inconteste. É possível que, na época, muitos tenham preferido a cobertura de Rubem, com seus toques rossellinianos. Nessa discussão eu não entro, mas de uma certeza não abro mão: o último capítulo de *O inverno da guerra* é um clássico de sua espécie literária.

A cinco dias do fim oficial do conflito, Joel, já liberado de suas funções e contando as horas para voltar ao Brasil, pegou carona no jipe de um sargento, rumo a Milão, e no meio do caminho cruzou com o que restava de um regimento de artilharia alemão. Amarfanhados, barbudos e esfomeados, os retirantes tedescos pareciam almas penadas a caminho do inferno. Um cabo que falava italiano puxou conversa com Joel. Fora informado de que a guerra terminara, mas nem ele nem seus comandados sabiam disso e nem tinham para onde ir. As cidades de alguns deles haviam sido praticamente varridas do mapa pelas bombas aliadas. É uma cena digna dos melhores filmes de guerra, sobretudo pelo desfecho, quando Joel decide que "já é hora de arrumar a nossa trouxa", tirar a farda e picar a mula.

Depois da volta ao Brasil e à vida à paisana, Joel ajudou a fundar o Partido Socialista Brasileiro (PSB), integrou o conselho editorial da *Revista Nacional* e fundou, com o companheiro de trincheira Rubem Braga, um semanário independente e antigetulista, o jornal *Comício*, que circulou em 1952 e durou apenas 23 números. No ano seguinte, assumiu a chefia de redação de mais uma aventura editorial de Samuel Wainer, o jornal semanal *Flan*, que pretendia ser "mais do que uma revista e sete vezes um diário" e também pouco tempo durou. A doze dias do Golpe de 64, aceitou a secretaria de redação de *Panfleto*, jornal patrocinado pela Frente de Mobilização Popular, favorável às reformas de base de João Goulart e apoiado por Leonel Brizola. Tinha tudo para dar errado, e deu.

Atravessou a década de 1960 assinando reportagens para a revista Manchete e colaborando com o *Correio da Manhã*. Foi nesse período e nesses redutos que o conheci pessoalmente e compartilhamos uma inegociável paixão por Beethoven. Que víbora divertida era o Joel. Sempre que me via, exclamava, à guisa de saudação: "Flor do Lácio!". Nunca lhe perguntei por quê. Vai ver nunca conseguia se lembrar do meu nome.

Na década seguinte, estreitamos nossos laços, nas páginas do

Pasquim. Era o mais fecundo e bilioso colaborador da seção de notas do jornal (Dicas), que na época cabia a mim selecionar e editar. Deu um certo trabalho lidar com algumas idiossincrasias do sergipano, em particular sua aversão a João Gilberto, por motivos que nunca logrei esclarecer. Quando sem assunto, lascava um piche no cantor. Joel fez de João o seu bode expiatório, ou seu Bei de Túnis. Quem conhece Eça de Queiroz sabe do que estou falando.

ESTA OBRA FOI COMPOSTA POR ANASTHA MACHADO EM MINION E IMPRESSA EM OFSETE PELA GRÁFICA PAYM SOBRE PAPEL PÓLEN NATURAL DA SUZANO S.A. PARA A EDITORA SCHWARCZ EM AGOSTO DE 2025

FSC
www.fsc.org
MISTO
Papel produzido a partir de fontes responsáveis
FSC® C133282

A marca FSC® é a garantia de que a madeira utilizada na fabricação do papel deste livro provém de florestas que foram gerenciadas de maneira ambientalmente correta, socialmente justa e economicamente viável, além de outras fontes de origem controlada.